DIANLI YINGXIAO KEHU DANGAN SHUJU YINGYONG SHOUCE

电力营销客户档案

数据应用手册

国网江苏省电力有限公司无锡供电分公司　组编
周　寅　王　炯　主编

中国电力出版社
CHINA ELECTRIC POWER PRESS

内容提要

本书以电力营销系统客户档案视图为基础框架，围绕客户档案中的用电户信息、受电点、计量点、电能计量装置四大核心内容，从档案字段释义、系统选项、系统路径、建档要求、引用文件、变更流程等六方面入手，对客户档案基础知识体系进行全面梳理。从实际应用出发，提供了电动汽车、自备电厂、公用电厂、储能用户等典型客户档案样例，汇总了20世纪80年代以来电力系统仍然在用有效的峰谷分时电价、功率因数标准、特殊电价等电费电价政策以及电力档案收资参考。

本书内容切合实际，知识点描述详尽，可供广大电力营销人员学习参考之用。

图书在版编目（CIP）数据

电力营销客户档案数据应用手册 / 国网江苏省电力有限公司无锡供电分公司组编 . -- 北京 : 中国电力出版社，2025. 1. -- ISBN 978-7-5198-9321-7

Ⅰ. F426.61-62

中国国家版本馆 CIP 数据核字第 20248G9S70 号

出版发行：中国电力出版社
地　　址：北京市东城区北京站西街 19 号（邮政编码 100005）
网　　址：http://www.cepp.sgcc.com.cn
责任编辑：崔素媛（010-63412392）
责任校对：黄　蓓　常燕昆
装帧设计：张俊霞
责任印制：杨晓东

印　　刷：北京雁林吉兆印刷有限公司
版　　次：2025 年 1 月第一版
印　　次：2025 年 1 月北京第一次印刷
开　　本：787 毫米 ×1092 毫米　16 开本
印　　张：10.5
字　　数：214 千字
定　　价：58.00 元

编委会

主　编：周　寅　王　炯

副主编：陈秋寒　张　晔　黄佳慧　许　莹

参　编：杨希来　顾丽玲　郑　旭　汪　帆　吴燕君

徐逸彬　陈　铁　缪佳妮　许吉红　刘科可

袁　源　陈　茜　李志丹　曹紫晓　浦　洁

叶　婷　陈奕如　丁　徽　王　婷

前　言

电力营销客户档案是供电企业开展供电服务工作的基础，而这些档案对于营销各类业务的开展具有指导性和决定性的意义，加上营销业务本身政策性、专业性、多样性等多重特点，使得电力营销客户档案的准确性及档案规则的逻辑性显得尤为重要，也是保证公司经营收入及优质服务的基础。

本书对江苏地区电力营销所有的客户档案进行了全面归纳、总结，将用电实际与营销系统有效结合，是电力营销从业人员的指导手册。全书分为用电户信息、受电点、计量点、电能表，以及各类现行电价政策、典型场景案例，分别从档案释义、建档要求、系统路径、引用文件、变更流程等进行了全面梳理，涵盖了营销全业务流程。

本书由国网江苏省电力有限公司无锡供电分公司长期奋斗在电力营销一线营销管理工作的业务骨干和专家，以严谨务实、客观全面的态度撰写而成。它既可以作为新员工的培训教材，也可以作为电力营销从业者的操作手册，将为推动营销工作向规范化、标准化、自动化方向发展不断迈进。

限于时间和编写水平，书中如有不当之处，敬请广大读者不吝赐教。

作者

2024 年 7 月

目录

第 1 章 用电户信息

1.1 基本信息

1.1.1 核算周期

【档案释义】两次正常电费核算间隔的时间，一般按照自然月计算。

【系统选项】每月 / 单月 / 双月 / 每月多次 / 每季 / 不抄。

【系统路径】用电户—基本信息—核算周期。

【建档要求】每月。

【引用文件】

1）《国家发展改革委办公厅关于组织开展电网企业代理购电工作有关事项的通知》（发改办价格〔2021〕809 号）规定：加快实现按自然月购售同期抄表结算。

2）《省发展改革委关于对全量客户按自然月购售同期抄表结算的复函》（苏发改能源函〔2023〕76 号）规定：2023 年 6 月 1 日起对全量客户实施按自然月购售同期抄表结算。

【变更流程】

1）营销系统中，计算结算—核算包管理，选中核算包后，点击“修改”。

2）修改抄表周期，可以将电费结算协议变更重签结算协议。

1.1.2 用电户分类 / 用户分类

【档案释义】按照电压等级、用户性质，对用电户进行分类。

【系统选项】高压 / 低压非居民 / 低压居民 / 考核 / 关口 / 公用配变 / 变电站 / 自用电。

【系统路径】用电户—基本信息—用电户分类。

【建档要求】

1）高低压参照供电电压等级确定。用电设备总容量在 200kW 及以下，可选择“低压”。

2）城乡家庭住宅用电，房屋用途为“住宅”，用户分类选择“居民”。

3）居民自用充换电设施，用户分类选择“居民”。其他非居民申请充电桩或安装场地执行电价是非居民的充换电设施用户，用户分类选择“非居民”。

4）自备电厂用户，用户分类选择“考核”。

5）供电公司办公自用电、生产性自用电，用户分类选择“考核”。

【引用文件】

1）根据台区线损管理相关管理要求，对于低压配电房台区内的生产性自用电设备，公司生产性自用电仅包括通风、照明、直流充电设备、空调、除湿等设备，生产性自用电设备建户，在信息系统中用户分类、用电类别、计量点性质选择“考核”，计量点分类选择“关口计量点”，主用途类型选择“指标分析”，行业分类、电价行业类别选择“电力供应企业用电”，电价选择“转供零电价”。

2）根据台区线损管理相关管理要求，办公自用电指供电企业在生产经营过程中，为完成输电、变电、配电、售电等生产经营行为而必须发生的电能消耗，包括供电企业所属机关办公楼、调度大楼、供电（营业）所、检修公司、信息机房、集控站等办公自用电，不包括供电企业租赁场所用电（非供电单位申请用电的）、供电企业出租场所用电、多经企业用电和集体企业用电、基建技改工程施工用电。办公自用电客户应纳入普通用电客户的用电资料管理，按规定周期抄表，并对抄表示数正常录入、计算，抄表周期同其他普通用电客户。另外，对信息系统中尚未建户的办公自用电，按自用电的供电电压等级选择高压新装或低压非居民新装流程，其中用户分类、用电类别、计量点性质选择“考核”，计量点分类选择“关口计量点”，主用途类型选择“指标分析”，行业分类、电价行业类别选择“电力供应企业用电”，电价选择“转供零电价”。

【变更流程】

1）“改类”流程。

2）考核用户不可以发起批量流程。

1.1.3 用电类别

【档案释义】指用户用电性质的分类，用于描述用户用电基本概貌的一个档案标志，按现行电价类别分为居民生活用电、非居民照明用电、商业用电、非工业用电、普通工业用电、大工业用电、农业生产用电、贫困县农业排灌用电等。

【系统选项】考核 / 大工业用电 / 大工业中小化肥 / 大工业其他优待 / 乡村居民生活用电 / 城镇居民生活用电 / 中小学教学用电 / 农业生产用电 / 农业排灌 / 贫困县农业排灌用电 / 非居民照明 / 非工业 / 普通工业 / 普通工业中小化肥 / 商业用电 / 大用户直购电 / 抽水蓄能。

【系统路径】用电户—基本信息—用电类别。

【建档要求】

1）用电类别的具体选择要求详见《省物价局关于印发江苏省电网销售电价分类适用范围说明的通知》（苏价工〔2015〕334 号）。

2）供电企业办公自用电和生产性自用电，用电类别选择“考核”。

3）居民电动汽车，用电类别选择“城镇居民生活用电 / 乡村居民生活用电”，其他电动汽车用电，无论经营还是非经营，均选择“非工业”。

4）自备电厂用户，用电类别选择“考核”。

5）发电上网关口、内部考核关口选择“考核”，计量点选项具体见“计量点分类”相关内容。

6）用户的用电类别由其电量最大的计量点用电性质决定，并设置其客户的用电类别、行业类别等信息；凡客户计量点中存在不为居民照明用电的，其用户分类均应选择“非居民”。

7）若一个用户只有一个计量点时，档案的用电类别应与执行档案的用电类别一致。

【引用文件】

1）根据台区线损管理相关要求，对于低压配电房台区内的生产性自用电设备，仅包括通风、照明、直流充电设备、空调、除湿等设备，生产性自用电设备建户，在信息系统中用户分类、用电类别、计量点性质选择“考核”，计量点分类选择“关口计量点”，主用途类型选择“指标分析”，行业分类、电价行业类别选择“电力供应企业用电”，电价选择“转供零电价”。

2）《供电营业规则》第一百零一条规定：在电价低的供电线路上，擅自接用电价高的用电设备或私自改变用电类别的，应当按照实际使用日期补交其差额电费，并承担不高于二倍差额电费的违约使用电费。使用起讫日期难以确定的，实际使用时间按三个月计算。

【变更流程】“改类”流程。

1.1.4　行业分类

【档案释义】从事国民经济中同性质的生产或其他经济社会的经营单位或者个体的组织结构体系的详细划分 [摘自《国民经济行业分类》（GB/T 4754—2017）]。

第一产业：包括农业、林业、畜牧业和渔业在内的农业（不含农、林、牧、渔专业及辅助性活动）。

第二产业：包括国民经济中的采矿业（不含开采专业及辅助性活动），制造业（不含金属制品、机械和设备修理业），电力、热力、燃气和水生产和供应业，建筑业。

第三产业：流通业、为生产和生活服务的行业、为提高科学文化水平和居民素质服务的行业、为社会公共需要服务的行业，具体包括国民经济行业分类中除第一、二产业以外的其他行业；城乡居民生活。

【系统路径】用电户—基本信息—行业分类。

【建档要求】

1）行业分类选择时可参考工商营业执照系统分类（如“** 查”App- 输入企业名

称－工商信息－行业），具体应按照现场实际用电性质选择。

2）高耗能行业，根据国家现行政策规定，高耗能行业应包括《国民经济行业用电分类标准》中的化学原料及化学制品制造业、非金属矿物制品业、黑色金属冶炼及压延加工业、有色金属冶炼及压延加工业、石油加工炼焦及核燃料加工业、电力热力的生产和供应业共计六大类及其子类。

其中：钢铁、铁合金、电解铝、锌冶炼、水泥、烧碱、电石、黄磷等八大高耗能子类用电项目按照省物价局《关于进一步完善差别电价政策的通知》（苏价工〔2006〕362号）要求，属差别电价执行范围。

3）根据台区线损管理相关管理要求，对于低压配电房台区内的生产性自用电设备，仅包括通风、照明、直流充电设备、空调、除湿等设备，生产性自用电设备建户，在信息系统中用户分类、用电类别、计量点性质选择“考核”，计量点分类选择“关口计量点”，主用途类型选择“指标分析”，行业分类、电价行业类别选择“电力供应企业用电”，电价选择“转供零电价”。

4）海水淡化、污水处理、电动汽车充换电设施、港口岸电四个绿色发展行业，对应行业分类的标准码值：海水淡化处理、污水处理及其再生利用、充换电服务业、港口岸电。

【引用文件】《国民经济行业分类》（GB/T 4754—2017）、《国民经济行业标准》（NB/T 33030—2018）。

【变更流程】

1）“改类”流程。

2）分布式电源客户，选择“分布式电源基础信息维护”流程。

1.1.5 负荷性质

【档案释义】负荷的重要程度分类［摘自《SGPMSS 营销业务应用标准化设计营销代码标准设计说明书》（版本号 V1.9.3.0）］。可根据用户对供电可靠性的要求及中断供电后在安全、政治、社会、经济上所造成的损失或影响程度确定，一般分为三个等级，即一级负荷、二级负荷、三级负荷。

【系统选项】一类 / 二类 / 三类。

【系统路径】用电户—基本信息—负荷性质。

【建档要求】

1）根据用户实际用电情况，选择负荷性质。

2）每个用户只允许一种分类。

【引用文件】

1）根据《供配电系统设计规范》（GB 50052—2009），符合下列情况之一时，应视为一级负荷：中断供电将造成人身伤害；中断供电将在经济上造成重大损失；中断供电将影响重要用电单位的正常工作。

符合下列情况之一时，应视为二级负荷：中断供电将在经济上造成较大损失；中断供电将影响较重要用电单位的正常工作。

不属于一级和二级负荷者应为三级负荷。

2）《〈供电营业规则〉释义》规定：在一级负荷中，当中断供电将造成人员伤亡或重大设备损坏或发生中毒、爆炸和火灾等情况的负荷，以及特别重要场所的不允许中断供电的负荷，应视为一级负荷中特别重要的负荷。其中：

一级负荷应由双电源供电，当一个电源发生故障时，另一个电源不应同时受到损坏。对于一级负荷中特别重要的负荷，除应由双电源供电外，尚应增设应急电源，并严禁将其他负荷接入应急供电系统。

二级负荷宜由双回路供电，在负荷较小或地区供电条件困难时，可由一回 6kV 及以上专用的架空线路供电。

三级负荷可由单电源供电。

3）用户应当根据重要等级和负荷性质，按照国家及行业标准开展内部受电工程设计施工，确保内部配电方式负荷分级要求，包括一级和二级负荷宜从不同变压器接电，采用架空线路时不宜采用同杆架设方式，采用电缆时不宜同沟敷设等。对于一级负荷中特别重要的负荷，用户应当配置自备应急电源，电源容量至少应满足全部保安负荷正常启动和带载运行的要求，同时还应采取佩戴防护用品、设置安全警示标志、编制用电事故应急预案等非电性质应急安全保护措施。

【变更流程】

1）异常情况需要维护，发起档案维护流程。

2）改类。

1.1.6　合同容量

【档案释义】指供电企业与电力用户在供用电合同中约定的客户受电设备的总容量，对居民而言指装设的电能表容量。对低压用户而言，指允许装接的用电设备容量；对高压用户而言，在受电装置一次侧装有连锁装置互为备用的变压器（含高压电动机），应按可能同时使用的变压器（含高压电动机）容量之和。

【系统路径】用电户—基本信息—合同容量。

【建档要求】

1）正常用电户的合同容量大于零。

2）合同容量应与用户所属受电设备总容量相等。

3）合同容量不小于运行容量。

【变更流程】

1）客户正常业务需求，选择增、减容流程（高低压用户均可以办理减容业务）。

2）档案错误，发起档案维护流程。

3）公用配变关口户，可以进入“公用配变关口设置”流程，选择“变更”。

1.1.7 运行容量

【档案释义】客户受电设备实际运行的容量，为非冷备用状态所有变压器和不通过专用变压器接入的高压电机容量之和。

【系统路径】用电户—基本信息—运行容量。

【建档要求】

1）单路电源：客户受电设备总容量。

2）一主一备双路电源：

主备用共用变压器的情况——取主用、备用电源中较大一路电源容量；

主备用分用变压器的情况——主备用容量之和。

3）两路同供双路电源：两路电源容量之和。

4）如用电人还配有保安电源或所用变压器，需再加上保安电源容量或所用变压器容量。

【变更流程】异常情况需要维护，发起档案维护流程。

1.1.8 市场化属性分类

【档案释义】指用户的市场化属性所属类别，按照销售场所、渠道将电力用户划分为市场化、非市场化、电能替代和电能替代（市场化）、电网代购等四类。

1）市场化直购客户：指国家电网公司营业区内，已经办理用电手续，符合市场准入条件、列入省级政府目录，选择在电力交易中心或通过电力交易平台注册参与市场直接交易，直接和发电企业签订电能合同的用户。

2）市场化零售客户：指国家电网公司供电营业区内，符合市场准入条件，选择由不拥有配电运营权的售电公司提供售电服务的用户。

3）普通代购客户：①选择由电网企业为其代理购电的用户；②在规定期限内未进行市场注册也未选择由电网企业为其代理购电的用户，默认选择由电网企业为其代理购电；③已直接参与市场交易又退出的用户。

【系统选项】

市场化：市场化现货交易客户 / 市场化普通直购客户 / 市场化直购客户 / 市场化零售客户 / 部分市场化零售客户 / 市场化能效客户 / 市场化增量配电网客户 / 市场化兜底客户。

非市场化：非市场化客户 / 放弃选择权的客户 / 非市场化增量配电网客户。

电网代购：退市代购用户 / 拥有燃煤自备电厂代购用户 / 高耗能代购用户 / 增量配电网代购客户。

【系统路径】用电户—基本信息—市场化属性分类。

【建档要求】

1）该字段是根据选择的电价与计量点的市场化属性联动。

2）具有市场化属性的用户不应为农业生产用户和居民生活用电用户。

3）按照不同交易规则选择市场化属性分类。

【引用文件】

1）国家发展改革委《关于进一步深化燃煤发电上网电价市场化改革的通知》（发改价格〔2021〕1439号）规定：推动工商业用户全部进入电力市场，居民（含执行居民电价的学校、社会福利机构、社区服务中心等公益性事业用户）、农业用电由电网企业保障供应，执行现行目录销售电价政策。

2）《国家发展改革委办公厅关于组织开展电网企业代理购电工作有关事项的通知》（发改办价格〔2021〕809号）。

【变更流程】

1）该字段是根据选择的电价与计量点的市场化属性联动，无对应流程。

2）如果是市场化用户申请更改为普通代购需要用户，需要用户去交易中心签合同然后变更属性，营销系统会同步市场化属性信息。

3）具体查询见“售电市场管理－市场主体信息管理－市场化用户信息管理”模块。

1.1.9　代理购电特别电价（高耗能）

【档案释义】代理购电是指对于暂未向发电企业直接购电或者通过售电公司购电的用户，由电网公司代理购电。其中，由供电企业代理购电的高耗能用户清单，应由地方政府明确高耗能用户清单，再由供电企业甄别是否属于公司代理购电范围内的用户。对于有争议的用户，由用户提请政府重新核定。

【系统选项】是 / 否。

【系统路径】用电户—基本信息—代理购电特别电价。

【建档要求】

1）存在高耗能行业用电计量点的用户属于高耗能用户，其用于高耗能行业产品生产经营活动的用电，执行代理购电特别电价。该户农业、居民用电计量点，以及该户下用于其他经营主体用电的计量点（如某钢铁企业户中，由其他非高耗能经营主体营业的宾馆用电的计量点）不纳入代理购电特别电价执行范围。

高耗能用户厂区或园区内经营的饭店、浴室等场所，如经营主体为该高耗能用户，须执行 1.5 倍特别电价。

高耗能用户厂区或园区内非执行居民电价的学校，如经营主体为该高耗能用户，须执行 1.5 倍特别电价。

2）用户行业类别的判定，以营业执照中的营业范围、现场实际生产情况为主要依据。如用户需变更行业类别，应经工作人员现场勘察无误后，通过"改类"传票进行调整。

3）过户后是否执行代理购电特别电价，因为过户是有产权主体发生变化的变更用电业务，新用户和原用户非同一用电主体，可理解为原户销户并退市，新户并不继承原户入市、退市等市场化属性信息。新户是否市场化，由交易中心判定并推送至营销系统。

【引用文件】

1）《国家发展改革委办公厅关于组织开展电网企业代理购电工作有关事项的通知》（发改办价格〔2021〕809 号）。

2）《国家发展改革委关于进一步深化燃煤发电上网电价市场化改革的通知》（发改价格〔2021〕1439 号）。

3）《省发展改革委关于进一步做好深化燃煤发电上网电价市场化改革工作的通知》（苏发改价格发〔2021〕1008 号）。

【变更流程】发起档案维护流程。

1.1.10 拥有燃煤自备电厂

【档案释义】判断该户是否是拥有燃煤自备电厂的用户。

【系统选项】是 / 否。

【系统路径】用电户—基本信息—拥有燃煤自备电厂。

【建档要求】以省发展改革委公布的清单为准。

【引用文件】根据相关文件，燃煤发电 / 清洁发电企业作为用电客户，可以选择直接参与市场交易或者电网企业代理购电。其中，拥有燃煤发电自备电厂的用户代理购电价格按 1.5 倍执行。

【变更流程】

1）发用电设备信息维护。

2）如果该户是通过自备电厂新装 / 变更关联的用电户，且发用电设备信息维护中电厂信息"是否燃煤电厂"为"是"，信息归档时系统会自动变更为是，也可以提数据维护工单（目前档案维护无电厂信息维护功能）。

1.1.11 无正当理由退市

【档案释义】用户有正当理由退市是根据电力市场交易规则和电力市场交易政府主

管部门认定为准，其余视为无正当理由，具体可咨询各地电力交易中心。

【系统选项】是/否。

【系统路径】用电户—基本信息—无正当理由退市。

【建档要求】用户有正当理由退市是根据电力市场交易规则和电力市场交易政府主管部门认定为准，其余视为无正当理由。

【引用文件】

1）《国家发展改革委办公厅关于组织开展电网企业代理购电工作有关事项的通知》（发改办价格〔2021〕809号）。

2）《电力中长期交易规则（暂行）》（苏监能市场〔2017〕149号）。

【变更流程】发起档案维护流程。

1.1.12 供电电压

【档案释义】供电企业向用户供电的电压等级，应当根据用电容量、用电设备特性、供电距离、供电线路的回路数、当地公共电网现状及其发展规划等因素，经技术经济比较后，由双方协商确定。

【系统选项】交流6kV/交流10kV/交流13.8kV/交流20kV/交流27.5kV/交流35kV/交流66kV/交流110kV/交流220kV/交流330kV/交流500kV/交流750kV/交流1000kV/交流55kV/交流220V/交流380V。

【系统路径】用电户—基本信息—供电电压。

【建档要求】

1）当用户所在区域公共电网无法提供用户需要的电压等级时，用户应当自行采取变压措施解决。

2）所有供电电源中的最高“供电电压”档案应与用户的“供电电压”档案一致。

3）供电电源的“供电电压”档案应与同一“线路台区名称”下的非拆除状态受电设备的“一次侧电压”档案一致。

4）与“受电点－供电电源－供电电压”保持一致。

5）分布式电源/微电网：

①分布式电源装机容量/微电网联络线交换功率在8kW及以下时，可接入220V电网。

②分布式电源装机容量/微电网联络线交换功率在8～400kW时，可接入380V电网。

③分布式电源装机容量/微电网联络线交换功率在400kW～6MW时，可接入10kV电网。

④分布式电源装机容量/微电网联络线交换功率在6～50MW时，可接入35kV及以

上电网。

并网电压等级应根据电网条件，通过技术经济比选论证确定。若高低两级电压均具备接入条件，优先采用低电压等级接入。

6）在江苏地区，一般供电电压按照以下原则配置：

①用户无三相用电设备，且用电设备总容量在12kW以下的，一般采用低压220V单相供电。

②用户用电设备总容量200kW以下的，可以采用低压三相制供电，特殊情况也可以采用高压供电。

③用户申请容量在200～8000kVA，宜采用10kV电压等级供电。

④用户申请容量超过8000kVA，且附近无更高电压等级供电条件时，可采用多回路供电。

⑤10kV单回线路允许装接容量按以下原则：单一用户线路最终容量不大于8000kVA，多用户线路最终容量不大于12000kVA。当线路装机超过允许容量应新出线路。

⑥10kV单个用户申请容量（含增容累计）在3000kVA及以下时可接入现有公用线路，3000kVA以上时应从电源变电站新出线路。用户申请、增容后总用电容量为30000kVA以上时，宜采用更高电压等级供电。

⑦对于20kV专供区，单个用户申请容量（含增容累计）在6000kVA及以下时可接入现有公用线路，6000kVA以上时应从电源变电站新出线路。用户申请、增容后总用电容量为30000kVA以上时，宜采用更高电压等级供电。

⑧客户申请容量在8000kVA以上、30MVA及以下时，宜采用35kV电压等级供电。

⑨客户申请容量在30MVA以上时，宜采用110kV电压等级供电。

⑩客户申请容量在100MVA及以上时，宜采用220kV及以上电压等级供电。

⑪具有冲击负荷、非线性负荷、不平衡负荷的用户，宜采用高一级电压供电的方式。

【引用文件】

1）《供电营业规则》（中华人民共和国国家发展和改革委员会令第14号）。

2）《电力用户业扩工程技术规范》（DB 32/T 1088—2007）。

【变更流程】低压可通过“改类”流程修改。高压可通过“改压”流程、增减容流程修改。

1.1.13 临时用电标志

【档案释义】“临时用电标志”是用于区分用户是否为临时用电的一个档案标志。

【系统选项】非临时用电 / 无表临时用电 / 装表临时用电 / 违约窃电用电。

【系统路径】用电户—基本信息—临时用电标志。

【建档要求】

1）基建施工、市政建设、抗旱打井、防汛排涝、抢险救灾、集会演出等非永久性用电，可实施临时供电。

2）定价策略类型应为“单一制”、基本电费计算方式应为“不计算”、功率因数考核方式应为“不考核”、所有计量点的功率因数标准应为“不考核”、所有计量点的是否执行峰谷标志应为“否”。

3）打井、防汛类临时用电，计量点的电价应为“普通农业电价”。其余临时用电为“工商业电价”。

4）处理窃电，发起“合同履约管理”流程，生成的客户档案“临时用电标志”为“违约窃电用电”。

【引用文件】《供电营业规则》第十四条规定：临时用电期限最长不超过三年。临时用电可以办理更名、过户、销户、变更交费方式及联系人信息。

【变更流程】发起档案维护流程。

1.1.14　重要性等级

【档案释义】对拟定的重要电力客户，应根据《国家电监会关于加强重要电力客户供电电源及自备应急电源配置监督管理的意见》《江苏省重要电力用户供电电源和自备应急电源配置管理实施办法》，确认客户行业范围和负荷特性，并根据客户供电可靠性的要求以及中断供电危害程度确定重要性等级。

【系统选项】特级重要客户 / 一级重要客户 / 二级重要客户 / 临时性重要客户 / 非重要客户。

【系统路径】用电户—基本信息—重要性等级。

【建档要求】

1）客户新装增容或变更时，参照《重要电力客户供电电源及自备应急电源配置技术规范》（GB/T 29328—2018）和《江苏省重要电力客户供电电源和自备应急电源配置管理实施办法》确定重要客户类别和重要性等级。

2）重要客户名单应以县级及以上政府电力主管部门批复为准。各供电公司应每年梳理一次重要客户的新增、销户或重要性等级变更信息，于当年 10 月底前将书面文件报当地电力主管部门。

3）每个用户只允许一种分类。

【引用文件】

1）《重要电力客户供电电源及自备应急电源配置技术规范》（GB/T 29328—2018）规定：重要电力用户的认定按电力安全事故应急处置和调查处理条例要求，由县级及以上地方人民政府电力主管部门组织供电企业和用户统一开展，采用一次认定，每年审核新增和变更的重要电力用户。

2）《江苏省重要电力客户供电电源和自备应急电源配置管理实施办法》（苏经信经

〔2010〕49号）。

【变更流程】服务体检—用电安全运行管理—重要用户上报—重要用户清单上报，可以进行变更重要性等级或撤销。

1.1.15 转供标志

【档案释义】“转供标志”是区分用户是否存在转供关系的一个档案标志，“转供电”指经供电人同意，用户使用自有受配电设施将供电企业供给的电能转供给其他用户使用的行为。

自2018年国家发展改革委明确，转供电是指电网企业无法直接供电到终端用户，需由其他主体转供的行为，对应2024年《供电营业规则》第十七条“非电网供电主体”。

【系统选项】无转供/转供户/被转供户。

【系统路径】用电户—基本信息—转供标志。

【建档要求】子户走业扩建户流程时，转供标志应选择“被转供户”，并且计费关系需关联主户计量点，子户归档后，主户的转供标志应同为“转供户”。

【引用文件】

1）《供电营业规则》规定：在公用供电设施尚未到达的地区，供电企业征得该地区有供电能力的直供用户同意，可以采用委托方式向其附近的用户转供电力，但不得委托重要的国防军工用户转供电。

2）《供电营业规则》第十七条：非电网供电主体对具备表计条件的终端用户，应当按照政府规定的电价政策执行，不得在终端用户的电费中加收物业公共部位、共用设施和配套设施的运行维护费等费用。本条所指非电网供电，是指在公用供电设施已到达的地区，非电网供电主体将用电地址内配用电设施向供电企业申请整体报装并建立供用电关系，再由其通过内部配电设施向内部终端用户供电的情形。

3）《国家发展改革委办公厅关于清理规范电网和转供电环节收费有关事项的通知》（发改办价格〔2018〕787号）。

4）省物价局关于清理规范电网和转供电环节收费有关事项的通知（苏价工〔2017〕1895号）。

5）省发展改革委关于降低工商业电价有关事项的通知（苏发改工价发〔2019〕396号）。

【变更流程】发起档案维护流程。

1.1.16 临时用电到期日期

【档案释义】基建施工、市政建设、抗旱打井、防汛排涝、抢险救灾、集会演出等非永久性用电，可实施临时供电，对临时用电的电力用户应按合同方式约定临时用电期限。

【系统路径】用电户—基本信息—临时用电到期日期。

【建档要求】

1）临时用电时间计算：从送电日起至拆表停电日止。应按照真实的送电日期选择期限。其中本年 T 日到次年的 T–1 日为 1 年。

2）送电环节，可以重新选择到期日期。

【引用文件】

1）《供电营业规则》第十四条：临时用电期限一般不得超过三年，如需办理延期的，应当在到期前向供电企业提出申请；逾期不办理延期或永久性正式用电手续的，供电企业应当终止供电。

2）根据临时用电管理相关要求，临时用电期限由用户按 1 年及以内、2 年、3 年三个档次自行选择与公司约定。临时用电不满 3 年的，可延期一次，但延期后总期限不得超过 3 年。临时用电时间累计超过 3 年的，必须办理销户手续，用户仍有临时用电使用需求的，应按新装办理。低压临时用电原则上约定用电期限不超过 1 年。

【变更流程】发起档案维护流程。

1.1.17　用电地址

【档案释义】用电人受电设施的地理位置及用电地点。

【系统路径】用电户—基本信息—用电地址。

【建档要求】对城市用户，省、市、区县必填，居民道路、小区必填，非居民道路必填；对农村用户，省、市、区县、街道（乡镇）必填，居委、道路、小区至少一项不为空。

【引用文件】依据系统录入要求，用电地址必须对应省、市、县、行政区信息，且按国家标准编码要求选择录入，对存量数据中的乡镇（街道办事处）、居委会（社区、村）、小区、道路信息进行统一编码。

【变更流程】

1）修改地址，选择“客户基础信息维护”模块。

2）高压用户迁址，发起“受电设施改造”流程。

1.1.18　电费结算方式

【档案释义】“电费结算方式”指用户抄表结算的方式。

1）分次划拨：是指客户先用电后交费，每月分多次支付电费，最后按照约定的每月抄表发行时间一次性结算，结清当月电费后开具发票。

2）预存交费：是指客户先交费后用电，抄表结算后在当月电费总额中扣减已预存电费，缺额部分需补齐，结余部分可退费或结转至下一结算周期，结清当月电费后开具发票。

3）后付费：是指客户先用电后交费，按约定周期抄表结算，结清电费后开具发票。结算周期主要采用按月结算，也可按旬、周结算，特殊客户可进一步缩短结算时间间隔。

【系统选项】预存交费协议 / 分次结算协议 / 分次划拨协议 / 高压后付费协议 / 智能交费 / 低压后付费协议。

【系统路径】用电户—基本信息—电费结算方式。

【建档要求】

1）分次划拨：一般适用于在政府、电力行业或银行等信用评价平台无失信记录且不属于政策调控影响的行业范围的客户，或不满足上述条件但能提供履约保证的客户。电费结算协议中应约定每月划拨日期、次数、电费金额及违约责任，明确违约条款，对未按期或未足额划拨电费的客户自动转为预存交费结算方式。

2）预存交费：一般适用于在政府、电力行业或银行等信用评价平台失信等级客户，被省、市级政府发文明确列入环保整治、产能调控等整治范围的客户，及自愿选择预存交费方式的客户。电费结算协议中明确预警方式、预警阈值、逾期时间、违约责任等内容。

3）后付费：一般按月结算方式适用于政府机关、企事业单位等财政拨款支付的单位，政府、电力行业或银行等信用评价平台非失信等级客户或足额提供履约保证的客户。电费结算协议中应明确违约后将变更为预存交费等条款。按旬、周结算方式适用于需分次交费并取得发票的客户。电费结算协议中应约定交费期限，明确违约后将变更为预存交费等条款。

【引用文件】《供电营业规则》第八十八条规定：对月用电量较大的用户，供电企业可以按照用户月电费确定每月分若干次收费，并于抄表后结清当月电费。收费次数由供电企业与用户协商确定，一般每月不少于三次。对于银行划拨电费的，供电企业、用户、银行三方应当签订电费划拨和结清的协议书。

【变更流程】其他业务—电费结算协议变更。

1.1.19 停电状态

【系统选项】已停电 / 未停电 / 预缴。

【系统路径】用电户—基本信息—停电状态。

【变更流程】计费结算—停复电—用户特殊复电模块下，走用户特殊复电流程进行停电标识变更。

1.1.20 用户状态

【档案释义】系统中该户档案状态。

【系统选项】正常用电客户 / 当前新装客户 / 当前变更客户 / 正常停电 / 暂拆 / 暂换 /

全暂停 / 预警 / 违规停电 / 欠费 / 费控 / 信用政策性停电 / 已销户客户。

【系统路径】用电户—基本信息—用户状态。

【建档要求】

1）全暂停：客户暂停后，运行容量为 0，则用户状态将变为“全暂停”。

2）办理暂拆业务时会相应显示暂拆状态，销户归档后用户状态显示已销户。

3）过户清算传递后，原用户状态则变为“已销户”。

4）当前新装客户：存在在途新装传票的客户。

5）当前变更客户：存在在途变更传票的客户。

6）已销户客户：销户传票已经过“信息归档”的客户。

7）非统计客户：低压批量新装、批量销户的总户；私接外线用电传票新建户等。

8）信用政策性停电：对由政府机关或授权机构做出停电指令的用户执行停电。

【变更流程】

1）随业务调整，系统自动调整。

2）异常情况需要维护，发起档案维护流程。

1.1.21　上次检查日期

【档案释义】指用电检查员最近一次录入巡视检查记录的时间。

【系统选项】

1）关联“运行管理—运行维护—现场巡视—巡视任务结束日期”模块。

2）新装客户，上次检查日期默认为首次新装时送电环节录入的“停（送）电日期”。

【系统路径】用电户—基本信息—上次检查日期。

【建档要求】虽然《用电检查规范》（GB/T 43456—2023）对检查周期有相关规定，但是江苏地区，按照下列要求执行：

1）对一级、二级重要电力客户，每 3 个月至少检查 1 次；

2）对 35kV 及以上电压等级的客户和新建居住区临时用电客户，每 6 个月至少检查 1 次。

3）对 10（20）kV 高供高计客户，每 12 个月至少检查 1 次。

4）对 10（20）kV 高供低计客户，每 18 个月至少检查 1 次。

5）对低压双电源客户、分布式电源客户，每 24 个月至少检查 1 次。

6）对 380V（220V）低压客户，根据实际工作需要开展状态安全检查。

7）同一客户符合以上两个条件的，以短周期为准。

【引用文件】《用电检查规范》（GB/T 43456—2023）规定：重要电力客户，每 6 个月检查 1 次；临时性重要电力用户，根据需要适时开展用电检查；普通用户根据需要不定期开展用电检查；针对高温、雷雨、洪涝、台风、冰冻、防火期等不同季节灾害性天气特点，结合周期检查开展迎峰度夏度冬、防汛防台、防森林草原火灾等专项检查。

【变更流程】

1）运行管理—运行维护—现场巡视—巡视任务结束日期。

2）走高压巡视流程处理。先通过走计量计划制定流程，选择巡视计划，服务对象类型选择高压，待计划制定审批完成后，再走高压巡视流程。

1.1.22 检查周期

【档案释义】客户安全巡视周期。

【系统路径】用电户—基本信息—检查周期。

【建档要求】虽然《用电检查规范》（GB/T 43456—2023）对检查周期有相关规定，但是江苏地区，按照下列要求执行：

1）对一级、二级重要电力客户，每3个月至少检查1次。

2）对35kV及以上电压等级的客户和新建居住区临时用电客户，每6个月至少检查1次。

3）对10（20）kV高供高计客户，每12个月至少检查1次。

4）对10（20）kV高供低计客户，每18个月至少检查1次。

5）对低压双电源客户、分布式电源客户，每24个月至少检查1次。

6）对380V（220V）低压客户，根据实际工作需要开展状态安全检查。

7）同一客户符合以上两个条件的，以短周期为准。

【引用文件】《用电检查规范》（GB/T 43456—2023）规定：重要电力客户，每6个月检查1次；临时性重要电力用户，根据需要适时开展用电检查；普通用户根据需要不定期开展用电检查；针对高温、雷雨、洪涝、台风、冰冻、防火期等不同季节灾害性天气特点，结合周期检查开展迎峰度夏度冬、防汛防台、防森林草原火灾等专项检查。

【变更流程】

1）服务体验—安全服务管理—服务周期策略管理模块。

2）走高压巡视流程处理。先通过走计量计划制定流程，选择巡视计划，服务对象类型选择高压，待计划制定审批完成后，再走高压巡视流程。

1.1.23 送电日期

【档案释义】指用户新装送电并开始用电的日期。

【系统路径】用电户—基本信息—送电日期。

【建档要求】

1）高压用户，营销系统中送电日期是与“送电”环节录入的“停（送）电日期”

字段一致。

2）低压用户，营销系统中送电日期与最近一次业扩流程中的“装表接电”环节，录入的“停（送）电日期”字段一致。

3）高压分布式电源新装增容中，停送电日期不能选择流程处理当日及之前的日期。

【变更流程】

1）随业务调整，系统自动调整。

2）异常情况需要维护，发起档案维护流程。

1.1.24 立户日期

【档案释义】客户档案建立日期。

【系统路径】用电户—基本信息—立户日期。

【建档要求】

1）高压新装客户，立户日期为“送电”环节传递日期。

2）高压增容客户，1.0系统新装的，立户日期为高压新装“业务受理申请日期”。2.0系统新装后再次增容的，立户日期仍为首次高压新装“送电”环节传递日期。

3）低压新装客户，立户日期为“装表接电”环节传递日期。

4）低压增容客户，1.0系统新装，2.0增容后立户日期仍为低压新装时“业务受理申请日期”。2.0系统新装后再次增容的，立户日期仍为首次新装时“装表接电”环节传递日期。

5）过户后新客户，立户日期是合同签订环节“生效日期”。

【变更流程】

1）随业务调整，系统自动调整。

2）异常情况需要维护，发起档案维护流程。

1.1.25 销户日期

【档案释义】指用户拆除用电装置并终止用电的日期。

【系统路径】用电户—基本信息—销户日期。

【建档要求】

1）高压用户“销户日期”档案与受电设备的“实际停用日期”档案应一致。

2）低压用户“销户日期”档案与“低压上门服务—停（送）电日期”一致。

3）过户后，原用户状态为“已销户”，销户日期为过户归档日期。

【变更流程】

1）随业务调整，系统自动调整。

2）异常情况需要维护，发起档案维护流程。

1.1.26 售电公司名称

【档案释义】提供售电服务或配售电服务的市场主体。

【系统路径】用电户—基本信息—售电公司名称。

【引用文件】《国家发改委国家能源局关于印发〈售电公司准入与退出管理办法〉和〈有序放开配电网业务管理办法〉的通知》（发改经体〔2016〕2120号）。

【变更流程】

售电市场管理—市场主体信息管理—市场主体信息维护，业务类型选择“售电公司信息维护”，可以维护售电公司信息，包括注册日期、生效日期等。

售电市场管理—市场主体信息管理—市场主体信息维护，业务类型选择“零售用户关系维护”，可以新增或变更用户关联的售电公司信息。

1.1.27 电量基数

【档案释义】居民用户执行阶梯电价的月用电量第一档。

【系统路径】用电户—基本信息—电量基数。

【建档要求】

1）居民月用电量第一档为230kW·h，五户及以上人口每月增加100kW·h。最低生活保障对象家庭、特困供养人员和县级以上总工会认定的特困职工家庭，每月15kW·h免费电量。

2）注意提供资料是“居住证”，不是“暂住证”。

3）一户多人口，“电量基数”字段为330。

4）社会困难人群，“电量基数”字段为230，在电费账单中“免费电量”中为15。

5）因更名不涉及产权变更，仅更改用户名称，所以更名对社会救助对象免费用电基数返业务没有影响，客户可继续享受社会救助对象免费用电基数返还，无须重新申请。

6）因过户涉及产权变更，所以须取消原客户执行的免费用电基数返还业务后，符合条件的新户才可重新申请办理。

【引用文件】根据《省发展改革委关于完善居民阶梯电价有关问题的通知》（苏发改价格发〔2021〕106号）规定：“一户多人口”以我省公安部门核发的《居民户口簿》《江苏省居住证》等在同一住址共同居住生活的居民（包括持其他我省核发长期居住证明的境外人士）数量为认定依据。人口满5人及以上的，可申请每户增加100kW·h阶梯电量基数。人数满7人及以上的，也可选择申请执行居民合表电价。给予困难群体每户每月15kW·h免费电量，执行范围为民政部门认定的城乡最低生活保障对象家庭、特困供养人员和县级以上总工会认定的特困职工家庭。

【变更流程】

1）“社会困难人群优惠用电维护”模块。

2）“一户多人口阶梯基数调整”模块。

3）用电户分类为“非居民”，不支持做人口基数流程。

1.1.28　困难群体标志

【档案释义】执行范围为民政部门认定的城乡最低生活保障对象家庭、特困供养人员和县级以上总工会认定的特困职工家庭。

【系统选项】低保证 / 特困职工证 /–。

【系统路径】用电户—基本信息—困难群体标志。

【建档要求】在受理界面“社会困难人群类型”中，根据实际证件填写。

【引用文件】《省发展改革委关于完善居民阶梯电价有关问题的通知》（苏发改价格发〔2021〕106 号）规定，给予困难群体每户每月 15kW · h 免费电量，执行范围为民政部门认定的城乡最低生活保障对象家庭、特困供养人员和县级以上总工会认定的特困职工家庭。

【变更流程】

1）“社会困难人群优惠用电维护”模块。

2）“其他业务—困难群体信息批量维护”流程。

1.1.29　人口基数

【档案释义】人口满 5 人及以上的，可申请每户增加 100kW · h 阶梯电量基数。

【系统选项】5/7/–。

【系统路径】用电户—基本信息—人口基数。

【建档要求】符合一户多人口的，“人口基数”字段为“5”或者“7”，其余为“–”。

【引用文件】《省发展改革委关于完善居民阶梯电价有关问题的通知》（苏发改价格发〔2021〕106 号）规定：“一户多人口”以我省公安部门核发的《居民户口簿》《江苏省居住证》等在同一住址共同居住生活的居民（包括持其他我省核发长期居住证明的境外人士）数量为认定依据。人口满 5 人及以上的，可申请每户增加 100kW · h 阶梯电量基数。人数满 7 人及以上的，也可选择申请执行居民合表电价。

【变更流程】“一户多人口阶梯基数调整”模块。

1.1.30　增值税信息

【档案释义】增值税是以商品（含应税劳务）在流转过程中产生的增值额作为计税依据而征收的一种流转税，分为增值税普通发票和专用发票。其中，增值税普票分为增值税普通发票和增值税电子普通发票。同一笔费用，只能开具一种类型的增值税发票，即同一笔费用不能同时开具专票和普票。如开普票，增值税普通发票和增值税电子普通发票只能选择其中一种开具。

【系统选项】增值税普通发票 / 增值税电子普通发票 / 增值税专用发票 / 全电专用发票 / 全电普通发票。

【系统路径】用电户—基本信息—增值税信息。

【建档要求】

1）具有一般纳税人资格才可开具进行增值税抵扣。

2）“增值税信息维护”流程，增值税信息默认有效时间五年，到期后再次办理“增值税信息维护”流程。

3）增值税发票税率：13%。

4）供电方只对有供用电合同关系的用电客户进行抄表收费，并提供增值税发票。对于不发生直接的供用电关系的分表用户，不提供增值税发票。

【引用文件】根据《关于深化增值税改革有关政策的公告》（财政部 税务总局 海关总署公告 2019 年第 39 号）要求，自 2019 年 4 月 1 日起，增值税一般纳税人发生增值税应税销售行为或者进口货物，原适用 16% 税率的，税率调整为 13%；原适用 10% 税率的，税率调整为 9%。

【变更流程】其他业务—增值税信息维护。

1.2 电费结算协议

满足不同客户对电费支付方式、结算方式的不同需求，供电企业、用户可就交费方式、电费异议处置、信息变更等在供用电合同内未约定明确或经常性变化的电费相关事宜，达成电费结算协议。

1.2.1 电费结算类别

【档案释义】根据不同结算方式签订的协议类型。电费结算协议是约定供电人、用电人（付款人）权责义务的重要法律文书。

【系统选项】

1）低压用户：智能交费协议 / 低压后付费协议。

2）高压用户：预存交费协议 / 分次结算协议 / 分次划拨协议 / 高压后付费协议。

3）居民客户不单独签订电费结算协议。

【系统路径】用电户—电费结算协议—电费结算类别。

【建档要求】

1）分次划拨：一般适用于在政府、电力行业或银行等信用评价平台无失信记录且不属于政策调控影响的行业范围的客户，或不满足上述条件但能提供履约保证的客户。电费结算协议中应约定每月划拨日期、次数、电费金额及违约责任，明确违约条款，对未按期或未足额划拨电费的客户自动转为预存交费结算方式。

2）预存交费：一般适用于在政府、电力行业或银行等信用评价平台失信等级客户，被省、市级政府发文明确列入环保整治、产能调控等整治范围的客户，及自愿选择预存交费方式的客户。电费结算协议中明确预警方式、预警阈值、逾期时间、违约责任等内容。

3）后付费：一般适用于政府机关、企事业单位等财政拨款支付的单位，政府、电力行业或银行等信用评价平台非失信等级客户或足额提供履约保证的客户。电费结算协议中应明确违约后将变更为预存交费等条款。按旬、周结算方式适用于需分次交费并取得发票的客户。电费结算协议中应约定交费期限，明确违约后将变更为预存交费等条款。

4）居民客户不单独签订电费结算协议，推广“智能交费”业务的，可通过《业务受理单》《业务告知书》等形式明确智能交费阈值、交费方式等有关内容。

【引用文件】《供电营业规则》第九十四条规定：在签订供用电合同时，可以单独签订电费结算协议和电力调度协议等。

分次划拨：是指客户先用电后交费，每月分多次支付电费，最后按照约定的每月抄表发行时间一次性结算，结清当月电费后开具发票。

预存交费：是指客户先交费后用电，抄表结算后在当月电费总额中扣减已预存电费，缺额部分需补齐，结余部分可退费或结转至下一结算周期，结清当月电费后开具发票。

后付费：是指客户先用电后交费，按约定周期抄表结算，结清电费后开具发票。结算周期主要采用按月结算，也可按旬、周结算，特殊客户可进一步缩短结算时间间隔。

【变更流程】“其他业务—电费结算协议变更”流程，在“协议起草”环节修改上传。

1.2.2　结算周期

【档案释义】两次正常电费结算间隔的时间，一般按照自然月计算。

【系统选项】每月。

【系统路径】用电户—电费结算协议—结算周期。

【建档要求】

1）电力客户、发电企业以自然月为结算周期，每月 1 日为结算抄表例日，结算电量为结算月 1 日 0 时至月末日 24 时之间的自然月电量，结算周期和结算抄表例日不允许变更。

2）实行月内多次抄表的电力客户，应按照《供用电合同》或《电力客户电费结算协议》有关条款约定的日期安排抄表。

3）高压新装电力客户应在归档当月开展抄表结算，参与市场化交易的应严格按照市场规则要求开展抄表结算；低压新装客户如归档当月未使用电能的，可延至下一个结算周期结算。

4）现场补抄应通过现场作业终端、手机 + 背夹方式开展，严格遵循安全工作规范。

5）分布式光伏发电项目的电费、补贴结算周期应与其关联用电户的电费结算周期一致。

6）零售市场客户与售电公司调整零售合同（或零售套餐）约定的价格时，应按照交易规则要求完成零售合同（或零售套餐）变更，新的价格在变更后下一个结算周期生效。

【引用文件】

1）《国家发展改革委办公厅关于组织开展电网企业代理购电工作有关事项的通知》（发改办价格〔2021〕809 号），加快实现按自然月购售同期抄表结算。

2）《省发展改革委关于对全量客户按自然月购售同期抄表结算的复函》（苏发改能源函〔2023〕76 号）规定：2023 年 6 月 1 日起对全量客户实施按自然月购售同期抄表结算。

【变更流程】“其他业务—电费结算协议变更”流程，在“协议起草”环节修改上传。

1.2.3 电费余额预警阈值

【档案释义】基于基准比较的规则，当用户的可用余额小于等于该基准值时，则触发预警策略。预警阈是供电公司与客户协商的预警金额，当费控余额小于或者等于此金额时，系统将根据不同预警处理方式进行提醒。

【系统路径】用电户—电费结算协议—电费余额预警阈值。

【建档要求】

1）根据客户类型及月电量电费情况设置预警阈值，居民客户宜按高峰月份电费的 20% 设置，高压客户、低压非居民客户宜按高峰月份电费的 25% 设置。

2）与电费结算协议保持一致。

3）客户在申请办理远程费控业务时，为防止发生接电后立即停电的情况，应告知客户根据实际用电情况交纳预置电费。

4）对远程费控客户运行情况开展现场巡视，每年至少巡视一次，确保远程费控系统运行正常。

【引用文件】《智能用电营销费控业务管理规范 第1部分：功能规范》（Q/GDW 11322.1—2014）

【变更流程】"其他业务—电费结算协议变更"流程，在"协议起草"环节修改上传。

1.2.4 停电阈值

【档案释义】指供电公司设置的可进行停电操作的金额（一般为0，系统中即为透支金额）。当费控余额小于或者等于此金额时，系统可自动或人工触发停电流程；当费控余额大于此金额时，系统可自动或人工触发复电流程。

【系统路径】用电户—电费结算协议—停电阈值。

【建档要求】

1）与电费结算协议保持一致。

2）停电阈值通常应设置为-5%～0之间，也可根据客户需要设置为大于0的约定阈值。

【变更流程】"其他业务—电费结算协议变更"流程，在"协议起草"环节修改上传。

1.2.5 预收扣款触发阈值

【档案释义】根据客户类型及月电量电费情况设置预警阈值，对选择银行代扣方式的客户，在剩余电费金额小于或等于预警阈值后，发起代扣流程，通过营销业务应用系统进行代扣处理。

【系统选项】根据电费结算协议约定值输入相应金额。

【系统路径】用电户—电费结算协议—预收扣款触发阈值。

【建档要求】

1）与电费结算协议保持一致。

2）对预警方式为"催缴通知"的客户，在可用余额小于或等于预警阈值后，应按约定方式给客户发送交费提醒。

3）对预警方式为"自动代扣"的客户，在可用余额小于或等于预警阈值后，首先发起代扣流程，通过营销业务应用系统按"代扣金额"进行代扣处理，代扣成功后应告知客户代扣信息，代扣失败则反馈失败信息。

4）对已发起预警的客户，有购电行为时应即时触发电费测算，可用余额高于预警阈值的，应发起取消预警业务流程，自动将客户费控预警状态调整为正常；可用余额仍低于或等于预警阈值的，系统仍置于预警状态，并告知用户。

【变更流程】"其他业务—电费结算协议变更"流程，在"协议起草"环节修改上传。

1.3 交费协议

1.3.1 协议类型

【档案释义】客户交纳费用选择交费方式时签订的协议。

【系统选项】代扣 / 托收协议 / 能源卡交费协议 / 统一交费协议 / 履约担保协议。

【系统路径】用电户—交费协议—协议类型。

【建档要求】根据用户签订相关交费协议类型自动填入。

【变更流程】"其他业务—电费结算协议变更" 流程。

1.3.2 交费方式

【档案释义】客户交纳费用的方法或渠道，如第三方支付平台、POS 机等电子式交费方式、供电营业厅窗口、上门走收电费等非电子式交费方式。

【系统选项】电力网点交费 / 能源卡 / 电子托收 / 电商托收 / 委托代扣。

【系统路径】用电户—交费协议—交费方式。

【建档要求】由于银行系统设定，若存在超过 3 个月的往期欠费、已被实施欠费停电或系统存在业务费用欠费的客户，则无法通过银行系统（包括网上银行、银行自助终端等所有银行渠道）进行代收、代扣，建议客户尽快前往供电营业厅交清电费、违约金，根据实际情况办理复电手续。

【引用文件】《供电营业规则》规定：用户应按供电企业规定的期限和交费方式交清电费，不得拖延或拒交电费。

【变更流程】其他业务—电费结算协议变更—需求类型选择 "交费方式变更"。

1.4 费控信息

1.4.1 停电方式

【档案释义】

自动停电：费控停电请求发到营销业务应用以后，营销业务应用不经客户确认，通过用电信息采集系统下发停电任务到计量表计，由计量表计实施并完成停电任务。

审批停电：费控停电请求发到营销业务应用以后，营销业务应用经过一级或多级审批通过之后，再通过用电信息采集系统下发停电指令到计量表计，由计量表计或人工实施停电。

【系统选项】自动停电 / 审批停电。

【系统路径】用电户—费控信息—停电方式。

【建档要求】选择“自动停电”方式的用户，系统根据费控测算值自动停复电。选择“审批停电”方式的用户，工作人员在营销系统内进行人工干预，手工操作停复电。

【引用文件】《智能用电营销费控业务管理规范》(Q/GDW 11322.1—2014)。

1.4.2 复电方式

【档案释义】

自动复电：费控复电请求发到营销业务应用以后，营销业务应用不经客户确认，通过用电信息采集系统下发复电指令到计量表计。

安全复电：费控复电请求发到营销业务应用以后，营销业务应用先与客户确认，确认通过后，再通过用电信息采集系统下发复电指令到计量表计或人工实施复电。

【系统选项】自动复电/安全复电。

【系统路径】用电户—费控信息—复电方式。

【建档要求】选择“自动复电”方式的用户，系统根据费控测算值自动停复电。选择“安全复电”方式的用户，工作人员在营销系统内进行人工干预，手工操作停复电。

1.4.3 测算电量

【档案释义】测算电费是根据采集系统每日24：00采集电量，即采集的当天24：00抄表示数与前一日24：00抄表示数相减后乘以表计倍率所得电量。

【系统选项】根据采集系统传输数据自动获取计算。

【系统路径】用电户—费控信息—复电方式。

【建档要求】

1）每日计算一次，测算当日零点数据。

2）当客户的费控余额发生变化，例如客户进行充值的操作，系统后台会在5～10min自动刷新到最新信息，而在此模块中显示最新一条数据，即【费控实时可用余额】。

3）电量电费测算周期是从上次抄表日期（运行电能表示数时间）至最新采集示数日期的时间（特抄或者变更示数，按变更前上次抄表时间至最新采集示数日期的时间）。

1.4.4 测算电费

【档案释义】测算电费是费控系统根据每日采集电量，即采集的当天示数与上次电费结算时的底数相减所得电量，结合客户电价测算出的应交电费金额。

【系统选项】根据采集系统传输数据自动获取电量后，按系统内配置电价策略自动计算。

【系统路径】用电户—费控信息—测算电费。

【建档要求】

1）“客户统一视图—基本档案—费控信息”查看客户测算电费、费控余额。

2）以营销系统的电费算法和客户档案信息为依据，按日测算客户电度电费。按月计算的基本电费、变压器损耗电量电费、定量电费应按日折算；功率因数调整电费不参与每日电费测算。电费测算结果用于智能交费业务执行，客户电费的结算以营销系统的发行电费为准。

1.5 合同信息

【档案释义】供用电合同是供电人向用电人供电，用电人支付电费的合同。向社会公众供电的供电人，不得拒绝用电人合理的订立合同要求。

【系统选项】高压供用电合同 / 低压非居民供用电合同 / 低压充电桩合同 / 电费结算协议 / 低压用户智能交费协议 / 低压后付费协议 / 分次划拨协议 / 能源卡交费协议。

【系统路径】用电户—合同信息—合同类型。

【建档要求】

1）供电企业与用户应在正式供电前完成供用电合同签订。

2）注意临时用电客户供用电合同的有效期，与客户申请一致，非永久性合同。

3）供用电双方协商一致变更合同的，可以采取重签合同、签订变更协议或业务表单等形式。对于永久性减容、增容、迁址、更名、改压、改变电价类别的改类业务，可重新签定供用电合同。

4）非永久性减容、暂换、暂拆及改变交费方式、银行账号、增值税信息、联系人信息等其他变更业务，可采用变更业务表单或其他相关资料作为合同附录，达到变更效果。

5）对于违约责任调整、不属于变更业务的产权分界点调整等，可签订变更协议。

【引用文件】

1)《中华人民共和国民法典》。

2)《中华人民共和国电力法》二十七条规定：电力供应与使用双方应当根据平等自愿、协商一致的原则，按照国务院制定的电力供应与使用办法签订供用电合同，确定双方权利与义务。

3)《电力供应与使用条例》第三十二条规定：供电企业和用户应当在供电前根据用户需要和供电企业的供电能力签订供用电合同。

【变更流程】合同管理—合同维护。

第 2 章 受电点

2.1 基本信息

2.1.1 受电点类型

【档案释义】受电点，即用电人受电装置所处的位置，为接受供电网供给的电力，并能对电力进行有效变换、分配和控制的电气设备，如高压用户的一次变电站（所）或变压器台、开关站、低压用户配电室、配电屏等。

【系统选项】变电站 / 地埋变 / 开关站 / 开闭所 / 柱式变 / 环网柜 / 箱式变 / 配电站 / 其他。

【系统路径】受电点—基本信息—受电点类型。

【建档要求】

1）注意区分“受电点”与“供电点”。高压用户一般选择“变电站、箱式变”等，低压用户一般选择“配电站”等。

2）营销系统中暂无统一的“受电点容量”字段，在参与“月每千伏安用电量”计算时，按合同容量原则取值。

【引用文件】

1）《〈供电营业规则〉释义》：每个受电点是用户的一个计费单位，作为一个贸易结算计量点。供电企业应当在用户每一个受电点内按照不同电价类别，分别安装电能计量装置，保证计量计费的准确性。用户应当合理确定内部配电方式，保证每一个受电点内不同电价类别的用电负荷具备分别安装电能计量装置的条件。

2）根据受电点相关管理要求，受电点即用电人受电装置所处的位置。为接受供电网供给的电力，并能对电力进行有效变换、分配和控制的电气设备，如高压用户的一次变电所或变压器台、开关站，低压用户的配电室、配电屏等，都可称为用电人的受电装置。一个受电点可由一个回路供电，也可由若干回路或者若干电源供电。

【变更流程】改类。

2.1.2 有无自备电源

【档案释义】指用户自备电源配置情况。重要用户在正常供电电源全部发生中断的情况下，能够至少满足对客户保安负荷不间断供电的独立电源。

【系统选项】无自备电源 / 有自备电源。

【系统路径】受电点—基本信息—有无自备电源。

【建档要求】

1）根据实际情况选择。

2）有自备电源，自备电源容量不应为“0”。

【引用文件】

1）《关于印发江苏省重要电力用户供电电源和自备应急电源配置管理实施办法（试行）的通知》（苏经信经〔2010〕49号）规定：具有保安负荷要求的重要电力用户，在配置符合其重要性等级要求的供电电源的前提条件下，还应配置自备应急电源。

2）《供配电系统设计规范》（GB 50052—2009）规定：符合下列条件之一时，用户宜设置自备电源：一是需要设置自备电源作为一级负荷中的特别重要负荷的应急电源，或第二电源不能满足一级负荷的条件。二是设置自备电源比从电力系统取得第二电源经济合理。三是有常年稳定余热、压差、废弃物可供发电，技术可靠、经济合理。四是所在地区偏僻，远离电力系统，设置自备电源经济合理。五是有设置分布式电源的条件，能源利用效率高、经济合理。

2.1.3 电源切换方式

【档案释义】

1）自动：指双电源条件下，一路电源停电时自动切换至另一路电源供电。

2）手动：指双电源条件下，一路电源停电时不会自动切换，需手动切换至另一路电源。

【系统选项】自动 / 手动。

【系统路径】受电点—基本信息—电源切换方式。

【引用文件】

1）《35kV及以下客户端变电所建设标准》（DB32/T 3748—2020）规定：一级负荷的特别重要负荷，允许装设自启动装置。其他负荷，不允许装设自启动装置。

《35kV及以下客户端变电所建设标准》（DB32/T 3748—2020）规定：重要或规模较大的变电所，宜在电源进线断路器之前装设所用变压器。当有两回路所用电源时，宜装设备用电源自动投入装置。

2）《20kV及以下变电所设计规范》（GB 50053—2013）规定：当有两回路所用电源时，宜装设备用电源自动投入装置。

2.1.4 自备电源容量

【档案释义】用户自备的自用电源设备的总容量。

【系统路径】受电点—基本信息—自备电源容量。

【建档要求】

1）重要电力客户具有中断供电将会造成人身伤亡、重大财产损失、重大政治影响的负荷时应配置自备应急电源。

2）自备应急电源容量配置标准：自备应急电源容量应达到保安负荷的100%。

3）自备应急电源启动时间应满足安全要求。

4）自备应急电源与电网电源之间应装设可靠的电气或机械闭锁装置，防止倒送电。

5）临时性重要电力客户可以通过租用应急发电车（机）等方式，配置自备应急电源。

【引用文件】

1）《关于印发江苏省重要电力用户供电电源和自备应急电源配置管理实施办法（试行）》（苏经信经〔2010〕49号）规定：具备保安负荷要求的重要电力客户，在配置符合其重要等级要求的供电电源的前提下，还应配置自备应急电源，确保在外部电源全部失电后，各类应急设备、应急照明、消防等各类设施的正常、可靠供电。

2）《35kV及以下客户端变电所建设标准》（DB32/T 3748—2020）规定：自备应急电源配置容量标准，应达到重要电力客户保安负荷的120%。启动时间应满足安全要求。自备应急电源与电网电源之间应装设可靠的电气或机械闭锁装置，防止倒送电。临时性重要电力客户可以通过租用应急发电车（机）等方式，配置自备应急电源。

3）国家电力监管委员会《关于加强重要电力用户供电电源及自备电源配置监督管理的意见》（电监安全〔2008〕43号）。

4）《重要电力客户供电电源及自备应急电源配置技术规范》（GB/T 29328—2018）。

5）《江苏省重要电力客户供电电源和自备应急电源配置管理实施办法》。

2.1.5 电源数目

【档案释义】指受电点的接入电源的数目，用于区分供电电源数量的一个档案标志。

1）单电源：指一路电源供电的情况。

2）双电源：指两个变电站或一个变电站的两条出线同时供电的情况。

3）多电源：指两个以上变电所或一个变电所的两条以上出线同时供电的情况。

4）多合环电源：指线路、变压器或断路器串构成网络闭合运行的情况。

【系统选项】单电源 / 双电源 / 多电源 / 合环多电源。

【系统路径】受电点—基本信息—电源数目。

【建档要求】

1）用户现场实际为单电源供电方式。则此用户的“电源数目”档案应为“单电源”，且供电电源下电源数量为1个。

2）用户现场实际为双电源供电方式。则此用户的“电源数目”档案应为“双电源”，且供电电源下电源数量为2个。

3）用户现场实际为多路电源供电方式。则此用户的“电源数目”档案应为“多电源”，且供电电源下电源数量为大于2个。

4）用户现场实际为合环多电源供电方式。则此用户的“电源数目”档案应为“合环多电源”，且供电电源下电源数量为大于等于2个。

2.1.6 调度通信方式

【档案释义】在正常和事故运行状态下，电力调度机构调度员和被调度端运行人员之间彼此业务联系使用的专用电话。

【系统选项】市话/系统调度电话/专用通信市话/其他通信方式。

【系统路径】受电点—基本信息—调度通信方式。

【建档要求】根据电压等级及容量选择。

【引用文件】

1）根据调度通信相关要求，10（20）kV供电的用户，可采用用电信息采集系统采集用户端的电流、电压及负荷等相关信息，由电网统一调度的用户，应配置专用通信市话与调度部门进行联络。

35kV及以上的用户（包括配售电公司）应采用专用信息通道，通过远动设备上传用户端的遥测、遥信信息，同时应配置系统调度电话与调度部门进行联络。

用户变电站应按安全分区、网络专用的基本原则配置二次系统安全防护设备，35kV及以上用户（包括配售电公司）的二次系统安全防护设备还应满足变电站设计相关要求。

2）《35kV及以下客户端变电所建设标准》（DB32/T 3748—2020）：10～35kV双电源变电所，应敷设市话（或企业内部通信）、调度二对通信电缆；10～35kV单电源变电所，应敷设市话（或企业内部通信）通信电缆；10（20）kV及35kV受电容量为3150kVA以下的变电所，应预留远动装置及通信接口的安装位置；10～35kV无人值班变电所，宜装设遥信、遥测、遥控、遥调装置；35kV供电且用电容量在3150kVA及以上变电所，应采用专用光纤通道，具有远传用户端的电流、电压、负荷等运行信息、故障信息，以及进线开关的位置状态的功能。

2.1.7 高峰负荷时的功率因数

【档案释义】电力用户在负荷高峰时应达到的功率因数。

【系统选项】0.8/0.85/0.9/0.95。

【系统路径】受电点—基本信息—高峰负荷时的功率因数。

【建档要求】

1）100kVA 及以上的用户，在高峰负荷时的功率因数不宜低于 0.95；

2）其他用户和大、中型电力排灌站，功率因数不宜低于 0.90；

3）农业用电功率因数不宜低于 0.85。

【引用文件】

1)《配电网规划设计技术导则》(DL/T 5729—2016）规定：100kVA 及以上的用户，在高峰负荷时的功率因数不宜低于 0.95；其他用户和大、中型电力排灌站，功率因数不宜低于 0.90；农业用电功率因数不宜低于 0.85。

2)《电力系统电压和无功电力技术导则》(DL/T 1773—2017）规定：电力用户应根据其负荷的无功需求，设计和安装无功补偿设备，其功率因数应达到以下要求：a）35kV 及以上高压供电的电力用户在负荷高峰时，其变压器一次侧功率因数应不低于 0.95，在负荷低谷时，功率因数应不高于 0.95。b）100kVA 及以上 10kV 供电的电力用户，其功率因数应达到 0.95 以上。c）其他电力用户，其无功补偿设备宜装设自动控制装置，并应有防止向系统送无功功率的措施。

《电力系统电压和无功电力技术导则》(GB/T 40427—2021）规定：电力用户的功率因数应达到下列规定：a）35 kV 及以上高压供电的电力用户，在考虑无功补偿后，在负荷高峰时，其变压器一次侧功率因数不应低于 0.95，在负荷低谷时，功率因数不应高于 0.95。b）100 kVA 及以上 10 kV 供电的电力用户，其功率因数应达到 0.95 以上。c）电力用户不应向系统送无功功率，在电网负荷高峰时不应从电网吸收大量无功功率。”

3)《供电营业规则》第四十五条规定：除电网有特殊要求的用户外，用户在当地供电企业规定的电网高峰负荷时的功率因数，应当达到下列规定：① 100kVA 以上高压供电的用户功率因数为 0.90 以上；②其他用户和大、中型电力排灌站、趸购转售电企业，功率因数为 0.85 以上；③农业用电，功率因数为 0.80。

【变更流程】改类。

2.1.8　电源联锁方式

【档案释义】联锁装置，是指防止多电源误并列和反送电，在相互连接的电器元件间设置的一种可靠的控制元件和设备。根据不同的环境和用途，有机械联锁和电气联锁两种主要形式。为确保电力系统安全和运行的自动化技术。它可以通过不同的联锁方式来实现，包括机械联锁、电气联锁、机械和电气联锁。

1）机械联锁：采用电气设备本体的机械传动部分对开关进行控制，是一种硬闭锁方式。

2）电气联锁：采用电气设备的二次设备对开关进行控制，是一种软闭锁方式。

3）机械和电气联锁：同时具备机械联锁和电气联锁功能。

【系统选项】机械联锁 / 电气联锁 / 机械和电子联锁。

【系统路径】受电点—基本信息—电源联锁方式。

【建档要求】

1）根据实际选择。

2）单电源，该字段不填。

3）多路电源供电的用户应当加装联锁装置，或按照供用双方签订的协议进行调度操作。

4）用户自备应急电源应当配置连锁装置，防止向电网反送电或与正常电源并列运行。

5）分布式电源应配置防孤岛保护装置，在并网点设置易操作、可闭锁，且具有明显断开点的并网开断设备，必要时能够及时将分布式电源与主电网隔离，避免危及电网及人身的安全。

【引用文件】《20kV 及以下变电所设计规范》（GB 50053—2013）第 3.2.17 条：有防止不同电源并联运行要求时，来自不同电源的进线低压断路器与母线分段的低压断路器之间应设防止不同电源并联运行的电气联锁。

2.1.9 自备电源闭锁方式

【档案释义】自备应急电源与电网电源之间装设的电气或机械闭锁装置

【系统选项】机械 / 电磁 / 电子 / 九线闸 /ATS/ 双投倒顺刀闸 / 其他

【系统路径】受电点—基本信息—自备电源闭锁方式

【建档要求】

1）自备应急电源与电网电源之间应装设可靠的电气或机械闭锁装置，防止倒送电。自备发电机组的总开关与电网电源的相应开关之间，应有可靠的闭锁装置，防止向电网倒送电。

2）双电源（双回路）供电的用户，必须在电源进线侧装设机械或电气闭锁装置。

3）屋内外配电装置均应装设闭锁装置及机械防误装置。220kV 及以下屋内配电装置设备低式布置时，间隔应设置防止误入带电间隔的闭锁装置。

2.1.10 电源联锁装置位置

【档案释义】客户实际电源联锁装置所处的位置。

【系统选项】按照实际填写。

【系统路径】受电点—基本信息—电源联锁装置位置。

2.1.11 电源运行方式

【档案释义】系统中的线路、设备在运行中的电气开关连接关系。

【系统选项】日常主供带全部负荷 / 异常情况备用带全部负荷 / 异常备供带备用负荷 / 日常主供和备供带部分负荷 / 母联断开 / 异常情况主供和备供带备供负荷。

【系统路径】受电点—基本信息—电源运行方式。

【建档要求】

1）特级重要客户可采用两路运行、一路热备用运行方式。

2）一级负荷客户可采用以下运行方式：一是两回及以上进线同时运行互为备用；二是一回进线主供、另一回路热备用。

3）二级负荷客户可采用以下运行方式：一是两回及以上进线同时运行；二是一回进线主供、另一回路冷备用。

4）临时性重要客户可采用允许运行方式：一是一回路主供、另一回路热备用；二是一回路主供、移动式发电机组热备用。

5）不允许出现高压侧合环运行的方式。

2.2 供电电源

2.2.1 电源类型

【档案释义】"电源类型"是用于区分供电电源实际类型的一个档案标志。

【系统选项】专变 / 公变 / 专线 / 共用专变。

【系统路径】受电点—供电电源—电源类型。

【建档要求】

1）专线用户：用户现场实际为高压专线用户。则此用户的专用线路供电电源的"电源类型"档案应为"专线"，此用户的非专用线路 10kV 及以上电压等级供电电源的"电源类型"档案应为"专变"，此用户的非专用线路 10kV 以下电压等级供电电源的"电源类型"档案应为"公变"。

2）其他高压用户：用户现场实际不为高压专线用户。用户分类为"高压"，则此用户的 10kV 及以上电压等级供电电源的"电源类型"档案应为"专变"，此用户的 10kV 以下电压等级供电电源的"电源类型"档案应为"公变"。

3）低压用户：用户分类不为"高压"，则此用户的所有供电电源的"电源类型"档案应为"公变"。

【变更流程】已销户用户不支持电源点信息修改。

2.2.2 电源性质

【档案释义】指电源的性质分类，是用于区分供电电源实际性质及用途的一个档案标志，分为“主供电源”“备供电源”和“保安电源”（以上未列举的其他“电源性质”，江苏范围内暂不使用）。“主供电源”指能够正常有效且连续为全部用电负荷提供电力的电源；“备用电源”指根据客户在安全、业务和生产上对供电可靠性的实际需求，在主供电源发生故障或断电时，能够有效且连续为全部或部分负荷提供电力的电源；“保安电源”指在主供电源、备用电源均失电的情况下，仅限于对保安负荷供电的电源。

【系统选项】主供电源 / 备供电源 / 保安电源。

【系统路径】受电点—供电电源—电源性质。

【建档要求】根据用户电源实际情况，选择电源性质。

【变更流程】

1）修改“电源性质”，发起档案维护流程，或暂时通过“改压”流程。

2）已销户用户不支持电源点信息修改。

2.2.3 供电容量

【档案释义】“供电容量”指某路电源下所有受电设备铭牌容量之和或者用户签订供用电合同的此路电源约定可用容量。

【系统路径】受电点—供电电源—供电容量。

【建档要求】

1）已销户用户不支持电源点信息修改。

2）当单回线路供电容量不满足要求时，应合理增加回路数，采用多回路供电。用户申请容量超过 15MVA 时可采用双回路供电或新建 35kV 线路供电。

2.2.4 进线方式

【档案释义】用电客户受电设备与供电线路连接的输电方式。

【系统选项】电缆直埋 / 电缆架空 / 电缆桥架 / 电缆隧道 / 电缆管井 / 电缆架空混合 / 架空 / 其他。

【系统路径】受电点—供电电源—进线方式。

【建档要求】根据用户现场实际情况，选择进线方式。

2.2.5 变电站 / 线路 / 台区

【档案释义】指用户供电电源所属的变电站、线路、台区。

【系统路径】受电点—供电电源—变电站 / 线路 / 台区。

【建档要求】

1）双电源用户主供电源和备供电源的线路，不应为同一线路。

2）电源所属变电站、线路、台区要有完整的关联关系。

3）与设备运维精益管理系统一一对应。

【变更流程】暂时通过“改压”修改。

2.2.6　保护方式

【档案释义】保护线路正常运行采取的保护配置。

【系统选项】反时限过流保护 / 反时限速断保护 / 定时限过流保护 / 定时限速断保护 / 瓦斯保护 / 差动保护 / 电流和电压保护 / 零序保护 / 过负荷保护 / 变压器熔断器保护 / 其他保护方式。

【系统路径】受电点—供电电源—保护方式。

【建档要求】

6～20kV 中性点非有效接地电力网的线路，对相间短路和单相接地应装设相应的保护。

6～20kV 经低电阻接地单侧电源单回线路，除配置相间故障保护外，还应配置零序电流保护。

35kV 中性点非有效接地电力网的线路，对相间短路和单相接地，应按规定装设相应的保护。

110～220kV 中性点直接接地电力网的线路，应按规定装设反应相间短路和接地短路的保护。

220kV 线路，一般情况下，应按装设两套全线速动保护，在旁路断路器代线路运行时，至少应保留一套全线速动保护运行。220kV 线路的后备保护宜采用近后备方式。但某些线路，如能实现远后备，则宜采用远后备，或同时采用远、近结合的后备方式。对接地短路，应装设后备保护。对相间短路，宜装设阶段式相间距离保护。

【引用文件】《高压电气装置规程》（DB32/T 1701—2010）13.3～13.5。

2.2.7　继电保护类型

【档案释义】当电力系统发生故障或异常工况时，在可能实现的最短时间和最小区域内自动将故障设备从系统中切除，或者给出信号由值班人员消除异常工况的根源，以减轻或避免设备的损坏和对相邻地区供电的影响。

【系统选项】差动保护 / 低压侧复合电压闭锁过流保护 / 高压侧复合电压闭锁过流保护 / 瓦斯保护 / 中性点保护 / 电流和电压保护 / 零序保护 / 过负荷保护 / 负荷开关保护。

【系统路径】受电点—供电电源—继电保护类型。

【建档要求】高压配电装置的继电保护及自动装置应符合《继电保护和安全自动装置技术规程》（GB/T 14285—2023）的配置要求，配电室的高压开关设备应采用能反映故障记录的数字设备；低压配电装置继电保护及自动装置应符合《低压配电设计规范》（GB 50054—2011）的配置要求。检查继电保护装置验收时，需重点关注：

1）继电保护装置应按照规定配置过流和速断保护。

2）保护定值设定应与继电保护调试报告一致。

3）具备条件时进行现场试验，应验证继电保护装置能否正确动作。

4）用户资产的电力设备和线路，应装设反应故障和异常的继电保护和安全自动装置，相关配置应符合 GB/T 14285—2023 的相关要求。

5）10kV 及以上变电站宜采用微机保护装置或微机综合自动化装置。

6）110kV 及以上用户变电站应采用双重保护配置，继电保护应满足《35kV～110kV 变电站设计规范》（GB 50059—2011）相关规定。

7）分布式电源的继电保护应满足 NB/T 32015—2013 相关规定。

8）微电网继电保护应满足 GB/T 33589—2017 相关规定。

【引用文件】《电力装置的继电保护和自动装置设计规范》（GB/T 50062—2008）、《继电保护和安全自动装置技术规程》（GB/T 14285—2023）、《低压配电设计规范》（GB 50054—2011）、《电力系统继电保护产品动模试验》（GB/T 26864—2011）、《继电保护和安全自动装置通用技术条件》（DL/T 478—2023）、《3kV～110kV 电网继电保护装置运行整定规程》（DL/T 584—2017）。

2.2.8 运行方式

【档案释义】电力系统中的线路、设备在运行中的电器开关连接关系。

【系统选项】冷备 / 热备 / 常用互为备用 / 其他。

【系统路径】受电点—供电电源—运行方式。

【建档要求】

1）两路电源（回路）同时受电的情况下：①对于允许极短时间中断供电的一级负荷，可采用两路电源（回路）同时受电，互为备用。当一路电源失电后，分段开关自动投入。②对于允许稍长时间（手动投入时间）中断供电的一、二级负荷，可采用两路电源（回路）同时受电，互为备用。当一路电源失电后，分段开关经操作后投入。

2）一路正常主供，另一路作备用的情况下：①对于允许极短时间中断供电的一级负荷，主供电源失电后，备用电源自动投入；②低于允许稍长时间（手动投入时间）中断供电的一、二级负荷，主供电源失电后，备用电源经操作投入。

【引用文件】《电网调度规范用语》（DL/T 961—2005）规定：热备用指设备（不包括带串补装置的线路和串补装置）开关断开，而隔离开关仍在合闸位置。冷备用指线路、母线等电气设备的开关断开，其两侧隔离开关和相关接地开关处于断开位置。

2.2.9 电源相数

【档案释义】指接电源的相数分类。

【系统选项】单相电源/三相电源。

【系统路径】受电点—供电电源—电源相数。

【建档要求】根据用户实际情况，选择电源相数。

1）用户单相用电设备总容量12kW以下的可以采用低压220V供电，但有单台设备容量超过1kW的单相电焊机、换流设备时，用户应当采取有效的技术措施以消除对电能质量的影响，否则应当改为其他方式供电。

2）用户用电设备总容量160kW以下的，可以采用低压三相制供电，特殊情况也可以采用高压供电。江苏地区低压报装开放容量为200kW及以下。

2.2.10 产权分界点

【档案释义】指供电方和用户的电气设备连接处，区分电力设施产权归属的基点。

【系统选项】计量箱出线开关下桩头/公用线路分支杆/接户线用户端最后支持物/开闭所、环网柜、分支箱出线开关下桩头/用户变电站外第一基电杆/用户厂界外第一断路器或第一支持物/用户配电室前的第一断路器或第一支持物/专用线路接引的公用变电站外第一基电杆/最后一个支持物/用户配电室前的第一断路器或第一支持物/用户厂界外第一基电杆/其他。

【系统路径】受电点—供电电源—产权分界点。

【建档要求】江苏地区产权分界点划分一般按照以下原则，具体以供用电合同及相关协议约定为准：

1）低压用户一般以电能计量箱为分界点。

2）10（20）kV一般以客户红线外线路接入杆塔、分支箱、环网柜的连接点为产权分界点。

3）35kV及以上一般以客户红线外线路接入的架空杆塔、电缆分支箱等连接点为产权分界点。

4）专线客户的产权分界点一般设在公用变电站围墙外第一基杆塔或环网柜处。

【引用文件】《供电营业规则》第五十条规定：供电设施的运行维护管理范围，按照产权归属确定。产权归属不明确的，责任分界点按照下列各项确定：①公用低压线路供电的，以电能表前的供电接户线用户端最后支持物为分界点，支持物属供电企业；②10（6、20）千伏以下公用高压线路供电的，以用户厂界外或配电室前的第一断路器或第一支持物为分界点，第一断路器或第一支持物属供电企业；③35千伏以上公用高压线路供电的，以用户厂界外或用户变电站外第一基电杆为分界点，第一基电杆属供电企业；④采用电缆供电的，本着便于维护管理的原则，分界点由供电企业与用户协商确定；⑤产权属于用户且由用户运行维护的线路，以公用线路分支杆或专用线路接引的公用变电站外第一基电杆为分界点，专用线路第一基电杆属用户。在电气上的具体分界点，由供用双方协商确定。

2.3 受电设备

2.3.1 设备类型

【档案释义】“设备类型”是用于区分受电设备实际类型及用途的一个档案标志。

【系统选项】变压器 / 高压电动机 / 所用变 / 升压电动机（水、热、气）。

【系统路径】受电点—受电设备—设备类型。

【建档要求】

1）受电设备现场实际为变压器，则此受电设备的“设备类型”档案应为“变压器”。

2）受电设备现场实际为高压电动机，则此受电设备的“设备类型”档案应为“高压电动机”。

3）受电设备现场实际为所用变，则此受电设备的“设备类型”档案应为“所用变”。

4）受电设备铭牌容量大于 200kVA，则此受电设备的“设备类型”档案原则上应不为“所用变”。

【变更流程】受电设施改造。

2.3.2 变压器主备性质

【档案释义】变压器设备运行状态。

【系统选项】主用 / 冷备 / 热备。

【系统路径】受电点—受电设备—变压器主备性质。

【建档要求】主用状态，也称为运行状态，指设备的隔离开关和断路器已合闸，电源和用电设备已构成电路，设备在额定电压和额定电流下运行称为运行状态。

冷备用状态是指设备本身无异常，但所有隔离开关和断路器都在断开位置等待合闸时的状态。

热备用状态是指断路器处于断开状态，隔离开关处于合上状态。由于断路器的断开，使设备电源断开，但因断路器两端的隔离开关已接通，一经合闸即可带电运行工作。

【变更流程】

1）提数据维护工单通过档案维护修改。

2）受电设施改造。

2.3.3 运行状态

【档案释义】判断变压器等受电设备是否正常使用。

【系统选项】运行 / 停用 / 拆除 / 待装 / 未投运。

【系统路径】受电点—受电设备—运行状态。

【建档要求】

1）正常使用选择“运行”。

2）因临时性减容等业务变更暂时不使用，选择“停用”。

3）因增容、永久性减容等业务变更已拆除不使用，选择“拆除”。

2.3.4 资产性质

【档案释义】按照出资和运维主体明确拥有资产设备的权利。

【系统选项】供电企业营销资产 / 供电企业非营销资产 / 客户资产 / 第三方产权 / 其他。

【系统路径】受电点—受电设备—资产性质。

【建档要求】

1）供电企业营销资产，包含公司出资的表箱、电能表、互感器、采集设备、充换电设施等。

2）供电企业非营销资产，包含公司出资的公变、环网柜、开关站、转接箱、电缆、电缆分支箱、配电箱等。

3）客户资产，包含客户出资的变压器、电动机、表箱、互感器等设备。

【变更流程】

1）提数据维护工单通过档案维护修改。

2）受电设施改造。

2.3.5 铭牌容量

【档案释义】“铭牌容量”指受电设备铭牌上标记的额定容量，一般用 kVA 或 MVA 表示。

【系统路径】受电点—受电设备—铭牌容量。

【建档要求】

1）按照铭牌实际容量填写。

2）非拆除状态受电设备的铭牌容量应与用户现场实际的受电设备铭牌上的额定容量一致，应为“> 0 的整数”，且此值原则上应在受电设备标准清单中的铭牌容量值。

【变更流程】受电设施改造。

2.3.6 首次运行日期

【档案释义】设备首次并网投运的日期。

【系统路径】受电点—受电设备—首次运行日期。

【建档要求】

1）新装用户，与送电环节“停（送）电日期”字段一致。

2）后续发生变更业务，“首次运行日期”维持不变。

【变更流程】提数据维护工单通过档案维护修改。

2.3.7 实际启用日期

【档案释义】设备首次或恢复并网运行的日期。

【系统路径】受电点—受电设备—实际启用日期。

【建档要求】

1）新装用户，与新装传票中送电环节“停（送）电日期”字段一致。

2）增容用户，新装变压器实际启用日期与增容传票中送电环节“停（送）电日期”字段一致。

3）临时性减容用户，实际启用日期与最近一次“减容恢复”流程中，“停（送）电日期”字段一致。

【变更流程】提数据维护工单通过档案维护修改。

2.3.8 实际停用日期

【档案释义】设备办理临时性或永久性停用的日期。

【系统路径】受电点—受电设备—实际停用日期。

【建档要求】

1）增容用户，拆除的变压器实际停用日期与增容送电环节“停（送）电日期”字段一致。

2）减容用户，实际停用日期与最近一次“减容”流程中，“停（送）电日期”字段一致。

3）无减容用户，实际停用日期为空。

【变更流程】提数据维护工单通过档案维护修改。

2.3.9 计划恢复日期

【档案释义】设备办理临时性或永久性停用后按照需求或规定计划恢复的日期。

【系统路径】受电点—受电设备—计划恢复日期。

【建档要求】

1）临时减容用户，计划恢复日期与最近一次“减容”流程中，“计划启用时间”一致。

2）新装、永久性减容用户，计划恢复日期为空。

3）电力用户申请减容不受次数限制，但减容时间每次应不少于十五日，最长期限不得超过2年（以户为单位）。超过2年仍未恢复的，应为永久性减容或销户。未满十五日的不减收基本电费。

【变更流程】提数据维护工单通过档案维护修改。

2.3.10　变动容量

【档案释义】“变动容量”是用于扣减基本电费时的设定的一个数值。

【系统路径】受电点—受电设备—变动容量。

【建档要求】

1）某路供电电源的电源性质不为“保安电源”，同一“线路台区名称”下的非拆除状态受电设备的设备类型为“所用变”，其现场实际安装位置在主变的次级低压侧，属于串接关系。则此受电设备的“变动容量”档案应为“铭牌容量的负值”。原则上只有供电电压在110kV及以上的供电电源中才存在此类接线方式的受电设备。

2）某路供电电源的电源性质为“保安电源”，同一“线路台区名称”下的非拆除状态受电设备的“变动容量”档案应为“0”或“空”或“铭牌容量的负值”。

3）用户现场实际为转供主户，转供标志为“被转供户”，则此用户主变压器的“变动容量”档案应为“依据转供子户的用电性质及月用电量，按照《供电营业规则》中规定的算法计算得出的负值”。

4）非上述3种情况时，则非拆除状态受电设备的“变动容量”档案应“0”或“空”。

【引用文件】《供电营业规则》第十六条规定：在计算转供户用电量、最大需量及功率因数调整电费时，应扣除被转供户、公用线路与变压器消耗的有功、无功电量。最大需量按下列规定折算：①照明及一班制：每月用电量180kWh，折合为1kW；②二班制：每月用电量360kWh，折合为1kW；③三班制：每月用电量540kWh，折合为1kW；④农业用电：每月用电量270kWh，折合为1kW。

2.3.11　设备型号

【档案释义】用于标识设备特性和性能的重要标识。

【系统路径】受电点—受电设备—设备类型。

【建档要求】按照铭牌填写。

【引用文件】

1）《35kV 及以下客户端变电所建设标准》（DB32/T 3748—2020）：35kV 油浸式变压器应选用 11 型及以上节能型变压器；35kV 干式变压器应选用 10 型及以上节能型变压器；20kV 三相油浸式变压器应选用 13 型及以上节能型、低损耗、低噪声变压器；20kV 三相干式变压器应选用 11 型及以上节能型、低损耗、低噪声变压器；10kV 三相油浸式变压器应选用 13 型及以上节能型、低损耗、低噪声变压器；10kV 三相干式变压器应选用 11 型及以上节能型、低损耗、低噪声变压器。

2）《电力变压器能效限定值及能效等级》（GB 20052—2024）规定：电力变压器能效等级分为 3 级，其中 1 级能效最高、损耗最低。

【变更流程】

1）型式试验管理。

2）设备型号不全的，需要提交档案云效维护申请。

3）受电设施改造。

2.3.12 *K* 值

【档案释义】*K* 值，即空载损耗附加系数，等于铜损无功 / 铜损有功。

$$K\text{值}=\frac{[(U_k\%/100\times S_e)^2-W_f^2]^{1/2}}{W_f}$$

式中：W_f 为变压器负载损耗；S_e 为变压器额定容量；$U_k\%$ 为变压器短路阻抗百分比。对于规范中未涉及的变压器型号和客户要求按照变压器实测数据计算变压器损耗的，变压器损耗可根据具备相关资质并得到供电公司认可的试验单位的试验数据计算。

【系统路径】受电点—受电设备—*K* 值。

【建档要求】参考《电力变压器能效限定值及能效等级》（GB 20052—2024）。

【引用文件】《电力变压器能效限定值及能效等级》（GB 20052—2024）。

【变更流程】受电设施改造—铭牌信息。

2.3.13 接线组别

【档案释义】变压器的接线组别是指变压器的一次、二次绕组按一定接线方式连接时，一次、二次绕组的电压或电流的相位关系。变压器接线组别是用时钟的表示方法来说明一次、二次绕组线电压（或线电流）的相量关系。

【系统选项】Dyn11/Yd11/Yyn0…。

【系统路径】受电点—受电设备—接线组别。

【建档要求】按照铭牌填写。

2.3.14　冷却方式

【档案释义】通过一定的方法将运行中的变压器所产生的热量散发出去。

【系统选项】自然冷却 / 风冷 / 油浸自冷 / 强迫油循环水冷 / 氢冷 / 其他。

【系统路径】受电点—受电设备—冷却方式。

【建档要求】

1）按照铭牌填写。

2）变压器冷却方式一般分为自然冷却、强制风冷、油冷却、水冷却、液氮冷却等，不同的冷却方式适用于不同的变压器类型和工作环境，需要根据实际情况进行选择。

【变更流程】受电设施改造。

2.3.15　保护方式

【档案释义】保护变压器等设备正常运行采取的保护配置。

【系统选项】反时限过流保护 / 反时限速断保护 / 定时限过流保护 / 定时限速断保护 / 瓦斯保护 / 差动保护 / 电流和电压保护 / 零序保护 / 过负荷保护 / 变压器熔断器保护 / 其他保护方式。

【系统路径】受电点—受电设备—保护方式。

【建档要求】

1）35kV 主变压器应设置下列保护：过负荷 / 过电流（包括复合电压、低电压起动的过电流保护）/ 速断或差动 / 瓦斯（包括有载调压开关）/ 温度 / 压力释放。

2）6～10kV 变压器应设置下列保护：过电流 / 速断（对 10kV 重要变压器，当速断保护灵敏度不符合要求时，也可采用纵差保护）/ 瓦斯（适用于 800kVA 或车间内 400kVA 及以上油浸式变压器）/ 温度 / 压力释放（适用于油浸式变压器）。

3）20kV 变压器应设置下列保护：过电流 / 速断（对 10kV 重要变压器，当速断保护灵敏度不符合要求时，也可采用纵差保护）/ 瓦斯（适用于 800kVA 或车间内 400kVA 及以上油浸式变压器）/ 温度 / 压力释放（适用于油浸式变压器）/ 零序电流一段（适用于低电阻接地系统）/ 零序电流二段。（适用于低电阻接地系统）。

4）油浸式变压器应按要求配置重、轻瓦斯保护装置，干式变压器应按规程要求设置温度保护。

【引用文件】《35kV 及以下客户端变电所建设标准》（DB32/T 3748—2020）。

【变更流程】受电设施改造。

2.3.16　低压中性点接地

【档案释义】变压器中低压绕组的中性点与地之间相互连接的一点，一般通过接地地极与地相连。

【系统选项】中性点直接接地 / 中性点经消弧线圈接地 / 中性点不接地。

【系统路径】受电点—受电设备—低压中性点接地。

【引用文件】《农村电力网规划设计导则》（DL/T 5118—2010）规定：低压中性点运行方式包括 380V/220V 低压配电网直接接地、380V 三线制低压配电网不接地或经高阻抗接地、440V/220V 单相低压配电网直接接地。

【变更流程】受电设施改造—铭牌信息。

2.3.17 一次侧电压

【档案释义】变压器初级线圈所接的电压，一般指电源输入电压。

【系统路径】受电点—受电设备——次侧电压。

【建档要求】一般参照用户电源供电电压等级。

【变更流程】受电设施改造。

2.3.18 二次侧电压

【档案释义】变压器二次绕组感应的电压，一般指电源输出电压。

【系统路径】受电点—受电设备—二次侧电压。

【建档要求】按照铭牌填写。

【变更流程】受电设施改造。

2.3.19 额定电压 _ 高压

【档案释义】变压器在正常运行时所能承受的最高电压，一般指可以加在变压器一次绕组上的最高电压，当变压器直接与电网相连时，其一次侧绕组的额定电压则与电网的额定电压相同。

【系统路径】受电点—受电设备—二次侧电压。

【建档要求】按照铭牌填写。

【变更流程】受电设施改造—铭牌信息。

2.3.20 额定电流 _ 高压

【档案释义】在正常工作状态下，允许通过变压器的最大电流。由绕组的额定容量除以该绕组的额定电压及相关系数推算而得的流经绕组线路端子的电流。

【系统路径】受电点—受电设备—额定电流 _ 高压。

【建档要求】按照铭牌填写。

【变更流程】受电设施改造—铭牌信息。

2.3.21　额定电压 _ 中压

【档案释义】三绕组变压器的中压绕组额定电压。

【系统路径】受电点—受电设备—额定电压 _ 中压。

【建档要求】非三绕组变压器无须填写。

【变更流程】受电设施改造—铭牌信息。

2.3.22　额定电流 _ 中压

【档案释义】三绕组变压器的中压绕组额定电流。

【系统路径】受电点—受电设备—额定电流 _ 中压。

【建档要求】非三绕组变压器无须填写。

【变更流程】受电设施改造—铭牌信息。

2.3.23　额定电压 _ 低压

【档案释义】指三绕组变压器的低压绕组额定电压。

【系统路径】受电点—受电设备—额定电压 _ 低压。

【建档要求】按照铭牌填写。

【变更流程】受电设施改造—铭牌信息。

2.3.24　额定电流 _ 低压

【档案释义】三绕组变压器的低压绕组额定电流。

【系统路径】受电点—受电设备—额定电流 _ 低压。

【建档要求】按照铭牌填写。

【变更流程】受电设施改造—铭牌信息。

2.3.25　短路阻抗

【档案释义】变压器短路阻抗也称阻抗电压，当变压器二次绕组短路（稳态），一次绕组流通额定电流而施加的电压称阻抗电压 U_z。通常 U_z 以额定电压的百分数表示，即 $u_z=(U_z/U_{1n})\times 100\%$。

【系统路径】受电点—受电设备—短路阻抗。

【建档要求】按照铭牌填写。

【引用文件】《电力变压器能效限定值及能效等级》（GB 20052—2024）。

2.3.26 试验周期

【档案释义】用以判断设备是否符合运行条件，预防设备损坏，保证安全运行的试验，主要是针对各种电力设备预防性试验的项目、周期和要求。

【系统选项】6/12/24/36 月。

【系统路径】受电点—受电设备—试验周期。

【建档要求】

1）油浸变压器。绕组直流电阻：绕组连同套管的绝缘电阻、吸收表、极化指数≤ 220kV，试验周期不大于 6 年。

2）干式变压器。绕组直流电阻：绕组连同套管的绝缘电阻、吸收表、极化指数≤ 220kV，试验周期不大于 6 年。

3）真空断路器。耐压试验、合闸接触器和分、合闸电磁铁线圈的绝缘电阻和直流电电阻试验周期不大于 6 年。

4）35kV 及以下橡塑电缆。主绝缘绝缘电阻、电缆外护套绝缘电阻试验周期不大于 6 年。

5）变压器油。水溶性酸、酸值、闪点、油中含气量，试验周期不大于 3 年，水分、击穿电压≤ 220kV，试验周期不大于 3 年。

6）避雷器。工频放电电压、底座绝缘电阻试验周期不大于 3 年。

7）发电机。定子绕组直流电阻≥ 6000Ω，试验周期不大于 3 年，6000Ω 及以下参照执行。

8）接地电阻。试验周期不大于 6 年。

9）其他项目及其他设备详见《电力设备预防性试验规程》（DL/T 596—2021）。

【引用文件】《电力设备预防性试验规程》（DL/T 596—2021）。

【变更流程】受电设施改造。

2.3.27 电气主接线方式

【档案释义】电气主接线主要是指在发电厂、变电站、电力系统中，为满足预定的功率传送和运行等要求而设计的、表明高压电气设备之间相互连接关系的传送电能的电路。

【系统选项】桥形接线 / 单母线 / 单母线分段 / 双母线 / 线路变压器组。

【系统路径】受电点—受电设备—电气主接线方式。

【建档要求】具有两回及以上线路供电的电力用户，其电气主接线宜按照下列要求：

1）66kV 及以上电压等级供电的宜采用单母线分段接线、双母线接线或双母线分段接线。

2）35kV 电压等级供电的宜采用桥形、单母线分段接线或双母线接线。

3）10（20）kV 电压等级供电的宜采用单母线分段接线。

4）35kV 及以上电压等级供电的变压器的 10kV 侧宜采用单母线分段接线。

5）变压器的 380V 侧宜采用单母线分段接线。

对于单回线路供电的电力用户，其电气主接线，采用单母线接线或线路变压器组接线。

10kV 接入的分布式电源的电气主接线宜采用单母线分段接线方式。

380V 接入的分布式电源的电气主接线宜采用单母线接线方式。

【引用文件】《20kV 及以下变电所设计规范》（GB/T 50053—2013）、《35kV～110kV 变电站设计规范》（GB 50059—2011）。

2.3.28　油号

【档案释义】变压器油是天然石油中经过蒸馏、精炼而获得的一种矿物油，是石油中的润滑油馏份经酸碱精制处理得到纯净稳定、黏度小、绝缘性好、冷却性好的液体天然碳氢化合物的混合物。俗称方棚油，它在变压器中主要起到保证运行时的冷却和散热作用，变压器油号指油品凝点的摄氏零下度数。

【系统选项】系统手工录入，可参考 10、25、45 号等。

【系统路径】受电点—受电设备—油号。

【建档要求】根据实际选择，一般长江以南用 10 号、长江以北用 25 号、特别寒冷的地区（如西藏）用 45 号油。

【引用文件】《电工流体 变压器和开关用的未使用过的矿物绝缘油》（GB 2536—2011）。

【变更流程】受电设施改造—铭牌信息。

2.3.29　分接头档次

【档案释义】通过改变一次绕组分接抽头的位置来实现调压，提高电压质量，使变压器能够有一个额定的输出电压。

【系统选项】系统手工录入。

【系统路径】受电点—受电设备—分接头档次。

【建档要求】按照铭牌填写。

【变更流程】受电设施改造—铭牌信息。

2.3.30　分接头位置

【档案释义】分接开关中连接及切换分接抽头位置。

【系统选项】系统手工录入。

【系统路径】受电点—受电设备—分接头位置。

【建档要求】按照铭牌填写。变压器的分接位置，与运行分接挡位数量一致。铭牌中能看出分接挡位的电压等级，判断变压器运行在哪个位置，可以通过测量低压的电压 *X* 变比（和一次侧的电网电压作比较）就能够知道在哪个位置。

【变更流程】受电设施改造—铭牌信息。

2.3.31 接地电阻

【档案释义】变压器的接地系统中，接地电极与地之间的电阻。

【系统选项】系统手工录入。

【系统路径】受电点—受电设备—接地电阻。

【建档要求】

1）当 20kV 系统中性点采用低电阻接地方式时，接地电阻值为 20Ω，并保证系统发生单相接地时能可靠断开故障线路。

2）户外变电站设置人工接地网，接地电阻不大于 4Ω。

3）户外变电站独立避雷针应设独立的接地装置，接地电阻不大于 10Ω，与接地网的距离不小于 3m。

4）楼宇内变电站，宜利用建筑物基础与建筑物防雷和建筑物内部强、弱电接地组成公用（总）接地装置，接地电阻应满足最小接电电阻的要求。

5）配电变压器安装在建筑物外，且 10（6）kV、20kV 工作于低电阻接地系统时，低压系统不得与电源配电变压器的保护接地共用接地装置，低压系统电源接地点应在距该配电变压器适当的地点设置专用接地装置，其接地电阻不宜超过 4Ω。

【引用文件】《35kV 及以下客户端变电所建设标准》（DB 32/T 3748—2020）、《电力变压器 第 3 部分：绝缘水平、绝缘试验和外绝缘空气间隙》（GB/T 1094.3—2017）。

【变更流程】受电设施改造—铭牌信息。

2.3.32 无功变损协议值

【档案释义】供用电合同或协议中约定无功变损值。

【系统选项】系统手工录入。

【系统路径】受电点—受电设备—无功变损协议值。

【建档要求】变损计算按照受电设备，不是按照计量点。如果变损算法标志选择“按定量”，该字段不能为空，按照协议值收取变压器无功损耗。

【变更流程】受电设施改造。

2.3.33 有功变损协议值

【档案释义】供用电合同或协议中约定有功变损值。变损算法标志选择“按定量”，则受电设备按照协议值收取变压器有功损耗。

【系统选项】系统手工录入。

【系统路径】受电点—受电设备—有功变损协议值。

【建档要求】变损计算按照受电设备，不是按照计量点。如果变损算法标志选择“按定量”，该字段不能为空，按照协议值收取变压器有功损耗。

【变更流程】受电设施改造。

2.3.34 变损编号

【档案释义】变损编号，也称为“变损表编号”，是指变压器的损耗指标编号，是用于“变损算法标志”档案为“按标准表”或“按标准公式”时设定的变压器损耗电量具体计算数值或参数。它通常包括六个数字，如“10-10-10-10-15-10”，其中每一个数字代表了不同的损耗指标，具体含义如下：

1）第一位数字：变压器短路阻抗（%）。

2）第二位数字：变压器空载损耗（W）。

3）第三位数字：变压器额定电压（kV）。

4）第四位数字：变压器短路损耗（W）。

5）第五位数字：变压器负载损耗（W）。

6）第六位数字：变压器整组损耗（W）。

【系统选项】系统手工录入。

【系统路径】受电点—受电设备—变损编号。

【建档要求】

当“变损算法标志”档案为“按标准表”时，“变损编号”应依据受电设备容量、受电设备型号选择系统内已有的受电设备损耗数值。

当“变损算法标志”档案为“按标准公式”时，“变损编号”应依据受电设备出厂参数或受电设备实验参数录入空载损耗、短路损耗（负载损耗）、空载电流（空载电流百分比）、阻抗压降（短路阻抗百分比）四项数据后，由系统自动计算出变压器损耗数值。

【变更流程】通过档案维护修改、受电设施改造。

2.3.35 有功空载损耗

【档案释义】“有功空载损耗”是用于“变损算法标志”档案为“按标准表”或“按标准公式”时设定或计算得出的有功铁损电量。

【系统选项】系统手工录入。

【系统路径】受电点—受电设备—有功空载损耗。

【建档要求】

1）非拆除状态受电设备的变损算法标志为“按标准表”或“按标准公式”，则此受电设备的“有功空载损耗”档案应为“＞0的值”；

2）非拆除状态受电设备的变损算法标志为“按标准表”，则此受电设备的“有功空载损耗”档案应属于“变损表编号”中的同一“铭牌容量”大小及同一“设备型号”的标准清单内的值。

3）非拆除状态受电设备的变损算法标志为“按标准公式”，则此受电设备的“有功空载损耗”档案应等于“‘空载损耗 ×720’此公式计算得出的值”。且此值原则上应不超过“按标准表”算法时，“变损表编号”中的同一“铭牌容量”大小及同一“设备型号”的标准清单内的最大值，或低于“变损表编号”中的同一“铭牌容量”大小及同一“设备型号”的标准清单内的最小值。

4）非拆除状态受电设备的变损算法标志为“不计算”或“空”，则此受电设备的“有功空载损耗”档案应为“0”或“空”。

【引用文件】供电电压为10kV、35kV，受电变压器在500kVA及以下的高供低计客户。有功空载损耗＝空载损耗 ×720。

【变更流程】通过档案维护修改、受电设施改造。

2.3.36 有功负载损耗

【档案释义】“有功负载损耗”是用于“变损算法标志”档案为“按标准表”或“按标准公式”时设定或计算得出的有功铜损电量计算系数。

【系统选项】系统手工录入。

【系统路径】受电点—受电设备—有功负载损耗。

【建档要求】

1）非拆除状态受电设备的变损算法标志为“按标准表”或“按标准公式”，则此受电设备的“有功负载损耗”档案应为“≥0.005≤0.015的小数”。

2）非拆除状态受电设备的变损算法标志为“按标准表”，则此受电设备的“有功负载损耗”档案应属于“变损表编号”中的同一“铭牌容量”大小及同一“设备型号”的标准清单内的值。

3）非拆除状态受电设备的变损算法标志为“按标准公式”，则此受电设备的“有功负载损耗”档案应等于“铭牌容量在315kVA及以下的应为0.015；铭牌容量在315kVA以上且在4000kVA以下的应为0.01；铭牌容量在4000kVA及以下的应为0.005”。

4）非拆除状态受电设备的变损算法标志为“不计算”或“空”，则此受电设备的“有功负载损耗”档案应为“0”或“空”。

【引用文件】供电电压为10kV、35kV，受电变压器在500kVA及以下的高供低计客户。有功负载损耗：变压器容量在 4000kVA 及以上为 0.005；变压器容量在 315kVA 以上为 0.01；变压器容量在 315kVA 及以下为 0.015。

【变更流程】通过档案维护修改、受电设施改造。

2.3.37　无功空载损耗

【档案释义】“无功空载损耗”是用于“变损算法标志”档案为“按标准表”或“按标准公式”时设定或计算得出的无功铁损电量。

【系统选项】系统手工录入。

【系统路径】受电点—受电设备—无功空载损耗。

【建档要求】

1）非拆除状态受电设备的变损算法标志为“按标准表”或“按标准公式”，则此受电设备的“无功空载损耗”档案应为“> 0 的值”。

2）非拆除状态受电设备的变损算法标志为“按标准表”，则此受电设备的“无功空载损耗”档案应属于“变损表编号”中的同一“铭牌容量”大小及同一“设备型号”的标准清单内的值。

3）非拆除状态受电设备的变损算法标志为“按标准公式”，则此受电设备的“无功空载损耗”档案应等于“此公式计算得出的值”。且此值原则上应不超过“按标准表”算法时，“变损表编号”中的同一“铭牌容量”大小及同一“设备型号”的标准清单内的最大值，或低于“变损表编号”中的同一“铭牌容量”大小及同一“设备型号”的标准清单内的最小值。

4）非拆除状态受电设备的变损算法标志为“不计算”或“空”，则此受电设备的“无功空载损耗”档案应为“0”或“空”。

【引用文件】根据客户端变压器损耗计算相关要求，供电电压为 10kV、35kV，受电变压器在 500kVA 及以下的高供低计客户。

【变更流程】通过档案维护修改、受电设施改造。

2.3.38　无功负载损耗

【档案释义】用于计算变压器无功损耗的一个关键参数，是由于无功功率而产生的无功损耗。

【系统选项】选择相应变压器型号，自动获取参数。

【系统路径】受电点—受电设备—无功负载损耗。

【建档要求】无功负载损耗（变动损耗）电量 = 有功铜损电量 × K 值。

$$K\text{ 值} = \text{铜损无功} / \text{铜损有功} = \frac{[(U_k\%/100 \times S_e)^2 - W_f^2]^{1/2}}{W_f}$$

式中：W_f 为变压器负载损耗；S_e 为变压器额定容量；$U_k\%$ 为变压器短路阻抗百分比。

【变更流程】提数据维护工单通过档案维护修改。

2.3.39 有功损耗系数

【档案释义】用于计算变压器有功损耗的一个关键参数，它通常与变压器的性能和运行条件有关。

【系统路径】受电点—受电设备—有功损耗系数。

【建档要求】变压器容量在 4000kVA 及以上为 0.005；变压器容量在 315kVA 以上为 0.01；变压器容量在 315kVA 及以下为 0.015。

【变更流程】受电设施改造、提数据维护工单通过档案维护修改。

2.3.40 无功 *K* 值

【档案释义】“无功 *K* 值”是用于“变损算法标志”档案为“按标准表”或“按标准公式”时设定或计算得出的无功铜损电量计算系数。

【系统路径】受电点—受电设备—无功 *K* 值。

【建档要求】

1）非拆除状态受电设备的变损算法标志为“按标准表”或“按标准公式”，则此受电设备的“无功 *K* 值”档案应为“＞ 0 的值”。

2）非拆除状态受电设备的变损算法标志为“按标准表”，则此受电设备的“无功 *K* 值”档案应属于“变损表编号”中的同一“铭牌容量”大小及同一“设备型号”的标准清单内的值。

3）非拆除状态受电设备的变损算法标志为“按标准公式”，则此受电设备的“无功 *K* 值”档案应等于 $\frac{\sqrt{（阻抗压降\div 100\times 受电设备铭牌容量）^2-短路损耗^2}}{短路损耗}$ 计算得出的值。且此值原则上应不超过“按标准表”算法时，“变损表编号”中的同一“铭牌容量”大小及同一“设备型号”的标准清单内的最大值，或低于“变损表编号”中的同一“铭牌容量”大小及同一“设备型号”的标准清单内的最小值。

4）非拆除状态受电设备的变损算法标志为“不计算”或“空”，则此受电设备的“无功 *K* 值”档案应为“0”或“空”。

【引用文件】

1）依据江苏省电力客户端变压器损耗计算规范等相关要求，参考计算方法如下：“适用范围为供电电压为 10、35kV，受电变压器在 500kVA 及以下的高供低计客户。

无功负载损耗＝有功空载损耗 ×*K* 值；

$$K\text{值}=\text{铜损无功}\div\text{铜损有功}=\frac{\sqrt{(U_k\%/100\times S_e)^2-W_f^2}}{W_f}$$

式中：W_f 为短路损耗（负载损耗）；S_e 为受电设备铭牌容量；$U_k\div100$ 为阻抗压降（短路阻抗百分比）。

2）《电力变压器能效限定值及能效等级》（GB 20052—2024）。

【变更流程】受电设施改造。

2.3.41　变损算法标志

【档案释义】“变损算法标志”是用于区分受电设备如何计算“变压器损耗电量”的一个档案标志，分为“不计算”“按标准表”和“按标准公式”（以上未列举的其他“变损算法标志”，江苏范围内暂不使用）。“变压器损耗电量”指电能表安装位置在低压侧，造成变压器在运行过程中所产生的有功损耗电量和无功损耗电量未能计入电能表中，而需要单独计算的电量；

【系统选项】不计算 / 按定比 / 按定量 / 按标准公式 / 按标准表 / 按铜铁损标志。

【系统路径】受电点—受电设备—变损算法标志。

【建档要求】

1）档案标签：高供低计受电设备。非拆除状态受电设备现场实际为高供低计，则此受电设备的“变损算法标志”档案为“按标准表”或“按标准公式”；

2）档案标签：非高供低计受电设备。非拆除状态受电设备现场实际不为高供低计。则此受电设备的“变损算法标志”档案为“不计算”。

3）同一“线路台区名称”下应不存在多个“变损算法标志”档案为“按标准表”或“按标准公式”的非拆除状态受电设备。

4）档案标签：高供低计计量点。用户分类为“高压”，存在有电流互感器无电压互感器的装表顶级计量点，则同一“线路台区名称”下应存在“变损算法标志”档案为“按标准表”或“按标准公式”的非拆除状态受电设备。

5）档案标签：非高供低计计量点。用户分类为“高压”，不存在有电流互感器无电压互感器的装表顶级计量点且不存在无电流互感器无电压互感器的装表顶级计量点，则同一“线路台区名称”下应不存在“变损算法标志”档案为“按标准表”或“按标准公式”的非拆除状态受电设备。

【引用文件】

1）《供电营业规则》第七十七条规定：电能计量装置原则上应当装在供电设施的产权分界处。如产权分界处不适宜装表的，对专线供电的高压用户，可以在供电变压器出口装表计量；对公用线路供电的高压用户，可以在用户受电装置的低压侧计量。当电能计量装置不安装在产权分界处时，线路与变压器损耗的有功与无功电量均须由产权所有者负担。在计算用户容（需）量电费（按照最大需量计收时）、电度电费及功率因数调整电费时，应当将上述损耗电量计算在内。

2）根据客户端变压器损耗计算规范等相关要求，变压器损耗计算，新增用电客户可按出厂或交接试验报告中的四项参数按实计算。计量方式为高供低计时，变压器铁损和铜损可按照不同用电类别的用电量分摊计算。若某用电类别采用定量时不分摊变压器铁损和铜损。

【变更流程】受电设施改造。

2.4 用户定价策略

2.4.1 定价策略类型

【档案释义】是指合同约定的客户电价结构（单一制、两部制），是用于区分用户是否需要计收基本电费的一个档案标志。“单一制”电价仅计收“电度电价”；“两部制”电价由“电度电价”和“基本电价”两部分组成。“电度电价”指按用户用电电量度数计算的电价；“基本电价”指按用户用电容（需）量计算的电价。

【系统选项】单一制 / 两部制。

【系统路径】受电点—用户定价策略—定价策略类型。

【建档要求】

1）公用电厂。用户现场实际为公用电厂的下网电量用电。存在电价为“大工业”或“大工业公用电厂下网”的顶级计量点，且行业分类为“电力、热力、燃气及水的生产和供应业”这一级行业下的二三四级行业（不包括“水的生产和供应业”下的三四级行业、“燃气生产和供应业”），则此用户的“定价策略类型”档案应为“单一制”。

2）污水及海水淡化厂。用户现场实际为污水处理及其再生利用用电或海水淡化处理用电。存在电价为“大工业”的顶级计量点，且行业分类为“电力、热力、燃气及水的生产和供应业”这一级行业下的二三四级行业：“污水处理及其再生利用”“海水淡化处理”，则此用户的“定价策略类型”档案在2025年前应为“两部制”，计费方式选择不计算。

海水淡化、污水处理、电动汽车充换电设施、港口岸电四个绿色发展行业，系统对应行业分类的标准码值：海水淡化处理、污水处理及其再生利用、充换电服务业、港口岸电，定价策略应选择“两部制”，基本电费计算方式应选择“不计算”。

3）自备电厂。用户现场实际为自备电厂。系统内的“特殊用户设置模块”中存在此用户的档案，则此用户的“定价策略类型”档案应为“两部制”。

4）用户现场实际为 315kVA 及以上的大工业用电或两部制工商业用电。存在电价为“大工业”或“（电铁）大工业”或“大工业电子计算中心电价”或“工商业（两部制）”的顶级计量点，且行业分类不为“电力、热力、燃气及水的生产和供应业”这一级行业下的二三四级行业（不包括“水的生产和供应业”下的三四级行业、“燃气生产和供应业”），则此用户的“定价策略类型”档案应为“两部制”。

5）用户现场实际不为大工业用电且不为两部制工商业类用电且不为自备电厂。系统内的“特殊用户设置模块”中不存在此用户的档案，且不存在电价为“大工业”或“（电铁）大工业”或“大工业电子计算中心电价”或“工商业（两部制）”的顶级计量点，则此用户的“定价策略类型”档案应为“单一制”。

6）容量达到 315kVA 的光伏发电用户关联的专变大工业用户，应执行大工业电价。

【引用文件】

1）《中华人民共和国水利电力部一九七六年电、热价格》规定：大工业电价包括基本电价、电度电价和力率调整电费三部分。

2）各级投资主管部门核准（或备案）后接入电网的核电、火电、抽水蓄能、可再生能源以及资源综合利用等公用发电企业，因启动调试、检修等自身原因向电网购买的电量，不收取基本电费。

3）《关于电气化铁路配套供电工程有关电价问题的通知》（发改价格〔2011〕1002 号）规定：电铁用电执行两部制电价。

4）《原省物价局关于明确电价执行有关问题的通知》（苏价工〔2013〕427 号）规定：对受电变压器（含不通过受电变压器的高压电动机）容量在 315kVA 及以上的电子计算中心执行大工业用电价格。

5）《省物价局关于降低一般工商业电价有关事项的通知》（苏价工〔2018〕52 号）规定：受电变压器容量（含不通过变压器接用的高压电动机容量）在 315kVA（kW）及以上的工商业及其他用电户可以选择执行大工业两部制峰谷分时电价。

6）企业自备电厂除受电容量小于 315kVA 的保安电源外，应按与电网连接的供电线路分路约定备用容量，原则上按可能同时使用的变压器容量之和的最大值约定。

7）《江苏省物价局关于创新和完善促进绿色发展价格机制的实施意见》（苏价综〔2018〕110 号）规定：将电动汽车集中式充换电设施用电、港口岸电运营商用电免收需量（容量）电费的政策延期至 2025 年底。

8）《江苏省物价局关于创新和完善促进绿色发展价格机制的实施意见》（苏价综〔2018〕110 号）规定：“2018 年 8 月 1 日至 2025 年底，对实行两部制电价的污水处理企业用电、海水淡化用电免收需量（容量）电费”，定价策略应选择“两部制”，基本电费计算方式应选择“不计算”。

【变更流程】基本电价计费方式变更。

2.4.2 功率因数考核方式

【档案释义】指由于电动机会产生无功功率，用户有义务按有关标准安装无功补偿设备，防止无功电力倒送。电费中设置功率因数考核电费，根据用户每个月功率因数相应增加或减少部分电费，以便调动客户治理无功功率的积极性。

【系统选项】不考核 / 标准考核 0.8/ 标准考核 0.85/ 标准考核 0.9。

【系统路径】受电点—用户定价策略—功率因数考核方式。

【建档要求】

1）用户现场实际存在应考核功率因数的供电电源，且不属于物价部门发文认证的“只罚不奖”用户。存在功率因数标准为“考核标准 0.9”或“考核标准 0.85”或“考核标准 0.8”的计量点，则此用户的“功率因数考核方式”档案应为“标准考核”。

2）用户现场实际存在应考核功率因数的供电电源，且属于物价部门发文认证的“只罚不奖”用户，则此用户的“功率因数考核方式”档案应为“只罚不奖”。

3）用户现场实际不存在应考核功率因数的供电电源。所有计量点的功率因数标准均为“不考核”，则此用户的“功率因数考核方式”档案为“不考核”。

【引用文件】《功率因数调整电费办法》（水电财字〔1983〕第 215 号）规定：对离电源点较近、电压质量较好、无须进一步提高用电功率因数的用户，可以降低功率因数标准值。降低功率因数标准的用户的实际功率因数，高于降低后的功率因数标准时，不减收电费，但低于降低后的功率因数标准时，应增收电费。

【变更流程】“改类”流程。

2.4.3 基本电费计算方式

【档案释义】指计算基本电费执行的策略、方式，用于电费结算统计。“基本电费计算方式”是用于区分用户如何计算基本电费的一个档案标志，分为“不计算”“按容量”“按需量”“按需量（实际）”和“特殊算法”（以上未列举的其他“基本电费计算方式”，江苏范围内暂不使用）。

【系统选项】不计算 / 按容量 / 按实际最大需量 / 合约最大需量 / 特殊算法。

【系统路径】受电点—用户定价策略—基本电费计算方式。

【建档要求】

1）用户的定价策略类型为“单一制”，则此用户的“基本电费计算方式”档案应为“不计算”。

2）用户的定价策略类型为“两部制”，则此用户的“基本电费计算方式”档案应不为“不计算”。

3）执行合约最大需量的，需量核定值不应为空。

4）档案标签：自备电厂。用户现场实际为自备电厂。系统内的“特殊用户设置模块”中存在此用户的档案，则此用户的“基本电费计算方式”档案应为“特殊算法”。

5）用户现场实际不为自备电厂。系统内的“特殊用户设置模块”中不存在此用户的档案，则此用户的“基本电费计算方式”档案应不为“特殊算法”。

6）用户实际选择按容量计收基本电费，则此用户的“基本电费计算方式”档案应为“按容量”，选定后在3个月之内应保持不变。

7）用户实际选择按实际最大需量计收基本电费，则此用户的“基本电费计算方式”档案应为“按需量（实际）”，选定后在3个月之内应保持不变。

8）用户实际选择按最大需量核定值计收基本电费时，则此用户的“基本电费计算方式”档案应为“按需量”，选定后在3个月之内应保持不变。

【引用文件】

1）《省物价局关于降低一般工商业电价有关事项的通知》（苏价工〔2018〕52号）规定：两部制电力用户可自愿选择按变压器容量或合同最大需量缴纳电费，也可选择按实际最大需量缴纳电费。受电变压器容量（含不通过变压器接用的高压电动机容量）在315kVA（kW）及以上的工商业及其他用电户可以选择执行大工业两部制峰谷分时电价。用户选择执行两部制电价以及调整两部制电费计费方式的，选定后在3个月之内应保持不变。

2）《省物价局关于明确企业自备电厂系统备用容量有关问题的复函》（苏价工函〔2006〕135号）规定：系统备用容量由所属供电公司与自备电厂所隶属企业签订协议约定并按规定收取备用容量费，对于超过约定备用容量的部分，可按《供电营业规则》的相关规定执行。

3）对超备用容量的，超出部分按三倍收取备用容量费。

4）对按变压器容量计收基本电费时，按正常运行方式下每路电源受电总容量计算基本电费；对按最大需量计收基本电费时，按每路电源分别计算最大需量。单电源客户的受电总容量是指该电源供电的主变容量（一般不包含所用变压器，当所用变压器不装表且在总表内时，可对所用变压器执行大工业电价）。双电源客户：当两路电源同时受电时，每路电源的受电容量为打开高压母联后该路的主变容量，并分别计收基本电费；一路主供一路备用时，每路电源的受电容量为该路能够供电的最大主变容量之和，在核定的方式下，按其中容量或最大需量较大的一路计收基本电费。

5）最大需量是指客户在本结算周期内，每15min内的最大平均负荷。

【变更流程】“基本电价计费方式变更”流程，基本电价计费方式变更归档后次月生效。

2.4.4 需量核定值

【档案释义】“需量核定值”是用于“基本电费计算方式”档案为“按需量”或“特殊算法”时设定的最大需量核定值或系统备用容量。当“基本电费计算方式”档案为“按需量”时，“需量核定值”指的是最大需量核定值；当“基本电费计算方式”档案为“特殊算法”时，“需量核定值”指的是系统备用容量，仅自备电厂用户可选择此档案。

【系统路径】受电点—用户定价策略—需量核定值。

【建档要求】

1）档案标签：自备电厂。用户现场实际为自备电厂。基本电费计算方式为“特殊算法”，则此用户的“需量核定值”档案应等于系统内“特殊用户设置模块”中此用户各路电源“需量核定值”档案之和，一经选定，一年内不得变更。

2）用户的基本电费计算方式为“按需量”，则此用户的“需量核定值”档案应为“＞0 的整数”，可每月变更次月的需量核定值。

3）用户的基本电费计算方式为“按需量”、供电电源仅一路时，则此用户的“需量核定值”档案应“≥所有在用受电设备铭牌容量的 40% 且≤所有在用受电设备铭牌容量的 100%”，可每月变更次月的需量核定值。

4）用户的基本电费计算方式为“按需量”、供电电源为多路同供时（不包括保安电源），则此用户的“需量核定值”档案应“≥所有在用受电设备（不包括保安电源下的受电设备）铭牌容量的 40% 且≤所有在用受电设备（不包括保安电源下的受电设备）铭牌容量的 100%”，可每月变更次月的需量核定值。

5）用户的基本电费计算方式为“按需量”、供电电源为多主多备时（不包括保安电源），不论主供电源还是备供电源，先将每路供电电源的同一线路台区名称下的所有在用受电设备（不包括保安电源下的受电设备）的铭牌总容量分别记录，然后将铭牌总容量最大的以主供数量为单位的供电电源的总容量相加（例如三主两备共计五路供电电源，则应取三路铭牌总容量最大的供电电源的容量之和），则此用户的“需量核定值”档案应“≥铭牌总容量最大的以主供数量为单位的供电电源的总容量之和的 40% 且≤铭牌总容量最大的以主供数量为单位的电源的总容量之和的 100%”，可每月变更次月的需量核定值。

6）用户的基本电费计算方式为“不计算”或“按容量”或“按需量（实际）”，则此用户的“需量核定值”档案应为“空”。

【引用文件】《省物价局关于降低一般工商业电价有关事项的通知》（苏价工〔2018〕52 号）规定：选择按照合同最大需量方式计收基本电费的，可按月变更最大需量核定值。系统备用容量一经约定一年内不得变更。

【变更流程】“基本电价计费方式变更”流程。

2.4.5　系统备用费计费方式

【档案释义】与电网连接的所有企业的自备电厂（含资源综合利用、热电联产电厂）应向接网的电网公司支付系统备用费。系统备用费标准按合理补偿成本的原则确定，系统备用费按并网协议中约定的电网所能提供的备用容量交纳；对没有约定备用容量的，按企业变压器容量或最大需量扣减电网向其供电的平均负荷确定。具体水平由省级价格主管部门按以上原则制定，报国家发展改革委备案。

【系统选项】按用电变压器容量计算 / 按发电机组容量计算 / 按自发自用电量 / 按发电量计算 / 客户协议系统备用费固定额度 / 按协议容量计算 / 按需量计算 / 不计算。

【系统路径】受电点—用户定价策略—系统备用费计费方式。

【建档要求】江苏地区选取“按协议容量计算”。

【引用文件】《关于明确自备电厂收费有关政策的通知》（苏价工〔2004〕391 号）。

【变更流程】量费核算——特殊需量核定值维护管理。

第3章 计量点

3.1 基本信息

3.1.1 计量点分类

【档案释义】计量点是指计量装置的装设地点。主要分为用电客户、关口计量点。

用电客户：计量点指用于贸易结算电费的计量点，一般安装在用户侧计量装置内，专线用户结算计量点安装在系统变电站内。

关口计量点：指用于内部考核与指标分析用的计量装置，一般用户台区线路考核及线路供电考核。

【系统选项】用电客户/关口（非台区、非变电站、非电厂）/台区关口/变电站关口/关口兼用户/线路联络关口/分元件关口/发电上网关口/上网关口。

【系统路径】计量点—基本信息—计量点分类。

【建档要求】

1）用于贸易结算电费的计量点，选择用电客户。

2）用于内部考核与指标分析用的计量装置，一般用户台区线路考核及线路供电考核，选择关口（非台区、非变电站、非电厂）计量点。

3）发电公司（厂、站）与国家电网公司系统电网经营企业或其所属供电企业之间的电量交换点，选择发电上网关口：

【变更流程】改类。

3.1.2 接线方式

【档案释义】电网经营企业与电力客户间结算电费的电能计量点接入所属线路的接线方法。

【系统选项】单相/三相三线/三相四线。

【系统路径】计量点—基本信息—接线方式。

【建档要求】

1）计量点电压等级为220V，计量点接线方式应为单相。

2）计量点的计量方式为低供低计，计量点接线方式不应为三相三线。

3）供电电压为10kV且计量点的计量方式为高供低计，计量点接线方式不应为三相三线。

4）计量点的“接线方式”为“三相四线”，电流互感器数量等于 3 或者 0，电压互感器数量等于 3 或者 0，或者组合互感器的数量等于 3 或者 0。

【变更流程】在改类流程通过更改计量方式与电压等级的值会联动接线方式。

3.1.3　计量点性质

【档案释义】根据计量点不同用途，区分为贸易结算和考核计量点。

【系统选项】结算 / 考核。

【系统路径】计量点—基本信息—计量点性质。

【建档要求】考核计量点是指供电企业内部用于经济技术指标分析、考核的电能计量点，包括电网经营企业内部用于考核线损、变损、母线平衡电量、台区损耗等的电能计量点。

结算计量点是指供电企业与并网电厂之间、供电企业与用电客户（包括趸售地方电网）之间进行电量贸易结算的计量分界点。

3.1.4　计量方式

【档案释义】根据电能计量的不同对象，以及确定的用户供电方式和相关电价政策要求，确定电能计量点和电能计量装置配置原则。“计量方式”是计量电能的方式，也叫“量电方式”，一般分为高压侧计量和低压侧计量以及高压侧加低压侧混合计量等三种方式。主要用于界定电源侧位置和电能表计量侧位置之间的关系。

【系统选项】高供高计 / 高供低计 / 低供低计。

【系统路径】计量点—基本信息—计量方式。

【建档要求】

1）低压供电的客户应在低压侧计量。

2）对高压供电的客户，应在高压侧计量（高供高计），但对 10kV 供电且容量在 315kVA 及以下、35kV 供电且容量在 500kVA 及以下的，高压侧计量确有困难时，可在低压侧计量，即采用高供低计。

3）两路及以上电源供电时，或者单电源选用两台及以上变压器时，应采用高供高计。

4）有上送电量和受电量的配售电公司、有自备电厂的用户、分布式电源和微电网用户，应在公共连接点配置双向关口计量装置。

5）计量方式为“低供低计”时，该计量点下电能表的【电压】不应为“3×100V”“3×57.7/100V”“其他”。

6）计量方式为“低供低计”时，计量点的互感器方案不能存在【类别】为“电压互感器”；或者存在“组合互感器”。

【变更流程】改类。

3.1.5 主用途类型

【档案释义】按照计量点使用性质不同区分不同类型。

【系统选项】售电侧结算 / 台区供电考核 / 线路供电考核 / 指标分析 / 趸售供电关口 / 地市供电关口 / 省级供电关口 / 跨省输电关口 / 跨区输电关口 / 跨国输电关口 / 发电上网关口 / 发电关口 / 上网关口 / 自发自用考核关口 / 统购统销关口 / 厂用电关口 / 办公用电 / 职工用电。

1）发电上网关口指发电公司（厂、站）与国家电网公司系统电网经营企业之间的电量交换点。包括独立核算的发电企业上网关口和国家电网公司系统直属电厂的上网关口，购地方电网企业电量结算点。

2）跨国输电关口指国家电网公司系统与其他国家或地区电网经营企业之间的电量交换点。

3）跨区输电关口指国家电网公司与南方电网公司之间、国家电网公司与其所属区域公司之间、国家电网公司所属区域公司之间的电量交换点，包括用于计算线损分摊比例的电量计量点。

4）跨省输电关口指国家电网公司所属省公司之间的电量交换点。

5）省级供电关口指国家电网公司所属省级电力公司与其所属地市供电企业之间以及各地市供电企业之间的电量交换点。

6）地级供电关口指地市供电企业与其所属县供电企业以及各县级供电企业之间电量交换点。

7）趸售关口指省级或地市供电企业与地方电网企业之间的电量交换点。

8）售电关口指国家电网公司所属电网企业与用户之间电量结算点。

9）内部考核关口指除上述关口之外的供电企业内部用于经济技术指标分析、考核的电量计量点。

10）办公用电关口，办公用电是指供电企业在生产经营过程中，为完成输电、变电、配电、售电等生产经营行为而必须发生的电能消耗，电能所有权并未发生转移，包括供电企业所属机关办公楼、调度大楼、供电（营业）所、检修公司、信息机房、集控站等办公用电，不包括供电企业租赁场所用电（非供电单位申请用电的）、供电企业出租场所用电、多经企业用电和集体企业用电、基建技改工程施工用电。其关口按照售电关口设定原则设立。

11）变电站站用电关口，变电站站用电是指变电站内部各用电设备所消耗的电能，主要是指维持变电站正常生产运行所需的电力电量，具体包括：主变压器冷却系统用电，蓄电池充电机用电，保护、通信、自动装置等二次设备用电，监控系统及其附属设备用电，深井泵和消防水泵用电，生产区照明及冷却、通风等动力用电，断路器、隔离开关操作机构用电、设备检修用电等。其关口原则上设立在站用变压器的低压侧。

【系统路径】计量点—基本信息—主用途类型。

【建档要求】计量点分类选择“用电客户”，该字段只能选择“售电侧结算”。

【变更流程】改类。

3.1.6 计量点所属侧

【档案释义】电能计量装置安装位置。原则上电能计量装置应当装在供电设施的产权分界处。如产权分界处不适宜装表的，对专线供电的高压用户，可以在供电变压器出口装表计量；对公用线路供电的高压用户，可以在用户受电装置的低压侧计量。当电能计量装置不安装在产权分界处时，线路与变压器损耗的有功与无功电量均须由产权所有者负担。

【系统选项】电网侧、变电站内 / 电网侧、变电站外 / 高压侧 / 低压侧。

【系统路径】计量点—基本信息—计量点所属侧。

【建档要求】

1）“高供高计”客户选择“高压侧”。

2）“高供低计”或“低供低计”客户选择“低压侧”。

3）专线客户根据现场实际情况选择“电网侧、变电站内”或“电网侧、变电站外”。

4）定比定量计量点，与主表计量点选择保持一致。

【引用文件】《供电营业规则》第七十七条：电能计量装置原则上应当装在供电设施的产权分界处。如产权分界处不适宜装表的，对专线供电的高压用户，可以在供电变压器出口装表计量；对公用线路供电的高压用户，可以在用户受电装置的低压侧计量。当电能计量装置不安装在产权分界处时，线路与变压器损耗的有功与无功电量均须由产权所有者负担。

【变更流程】改类。

3.1.7 计量装置分类

【档案释义】运行中的电能计量装置按其所计量电能量的多少和计量对象的重要程度分类。

【系统选项】Ⅰ类计量装置 / Ⅱ类计量装置 / Ⅲ类计量装置 / Ⅳ类计量装置 / Ⅴ类计量装置。

【系统路径】计量点—基本信息—计量装置分类。

【建档要求】

1）Ⅰ类电能计量装置：220kV 及以上贸易结算用电能计量装置，500kV 及以上考核用电能计量装置。计量单机容量 300MW 及以上发电机发电量的电能计量装置。

2）Ⅱ类电能计量装置：110（66）kV～220kV 贸易结算用电能计量装置。220kV～500kV 考核用电能计量装置，计量单机容量 100MW～300MW 发电机发电量的电能计量装置。

3）Ⅲ类电能计量装置：10kV～110（66）kV 贸易结算用电能计量装置。10kV～220kV 考核用电能计量装置，计量 100MW 以下发电机发电量、发电企业厂（站）用电量的电能计量装置。

4）Ⅳ类电能计量装置：380V～10kV 电能计量装置。

5）Ⅴ类电能计量装置：220V 单相电能计量装置。

【引用文件】《电能计量装置技术管理规程》（DL/T 448—2016）。

3.1.8 电压等级

【档案释义】指用电客户的供电电压等级，多路电源时取电压等级最高的供电电压等级。

【系统选项】交流 380V/ 交流 6V/ 交流 12V/ 交流 24V/ 交流 36V/ 交流 48V/ 交流 110V/ 交流 220V/ 交流 600V/ 交流 660V/ 交流 750V/ 交流 1000V（含 1140V）/ 交流 1500V/ 交流 2500V/ 交流 3000V/ 交流 6kV/ 交流 10kV/ 交流 13.8kV/ 交流 20kV/ 交流 27.5kV/ 交流 35kV/ 交流 66kV/ 交流 110kV/ 交流 220kV/ 交流 330kV/ 交流 500kV/ 交流 750kV/ 交流 1000kV/ 直流 6V/ 直流 12V/ 直流 24V/ 直流 36V/ 直流 48V/ 直流 110V/ 直流 220V/ 直流 600V/ 直流 750V/ 直流 1500V/ 直流 3000V/ 直流 500kV/ 直流 800kV/ 交流 55kV/ 直流 375V/ 直流 10kV。

【系统路径】计量点—基本信息—电压等级。

【建档要求】

1）高压用户高压电源供电电压应与所属供电线路电压等级一致。

2）用户电压等级为高压，主计量点计量方式不应为低供低计。

3.1.9 计量点容量

【档案释义】该计量点计量的用电容量。

【系统选项】根据实际容量填写。

【系统路径】计量点—基本信息—计量点容量。

【建档要求】

1）单一计量点，为对应受电设备容量。

2）两个及以上计量点，按其不同电价类别用电设备容量或者实际用电量确定比例。

【变更流程】“改类”流程。

3.1.10 系统中性点接地方式

【档案释义】三相交流电力系统中性点与大地之间的电气连接方式。

【系统选项】中性点直接接地 / 中性点经消弧线圈接地 / 中性点不接地。

【系统路径】计量点—基本信息—系统中性点接地方式。

【建档要求】

1）110kV 系统采用直接接地方式。

2）35kV 架空网宜采用中性点经消弧线圈接地方式。

3）35kV 电缆网宜采用中性点经低电阻接地方式，宜将接地电流控制在 1000A 以下。

4）10kV 配电网中性点接地方式的选择应遵循以下原则：一是单相接地故障电容电流在 10A 及以下，宜采用中性点不接地方式。二是单相接地故障电容电流在 10～150A，宜采用中性点经消弧线圈接地方式。三是单相接地故障电容电流达到 150A 以上，宜采用中性点经低电阻接地方式，并应将接地电流控制在 150～800A 范围内。

【引用文件】《配电网规划设计技术导则》（DL/T 5729—2016）提到，110kV 系统宜采用直接接地方式，35kV、10kV 系统可采用不接地、经消弧线圈接地或低电阻接地方式。220V/380V 配电网可采用 TN、TT、IT 接地方式，其中 TN 接地方式宜采用 TN–C–S、TN–S。其中：

TN 系统是指电力系统有一点直接接地，电气装置的外露可导电部分通过保护线与该接地点相连接。TN–C 系统，是整个系统的 N、PE 线是合一的；TN–C–S 系统，系统中有一部分线路的 N、PE 线是合一的；TN–S 系统，整个系统的 N、PE 线是分开的。

TT 系统是指电力系统有一点直接接地，电气装置的外露可导电部分通过保护线接至与电力系统接地点无关的接地极。

IT 系统是指电力系统与大地间不直接连接，电气装置的外露可导电部分通过保护接地线与接地极连接。

3.1.11 线损分摊协议值

【档案释义】当多个计量点分摊线损时，无论是按指定量分摊或按比例分摊，以相关计量点的此值之和为分母，每个计量点分摊的线损为总线损电量乘以该计量点此值占全部参与分摊计量点此值之和的比例。

【系统选项】按照协议填写。

【系统路径】计量点—基本信息—线损分摊协议值。

【建档要求】客户有协议则按照协议值来分摊线损。

3.1.12 分摊协议值

【档案释义】当多个计量点分摊线损时，无论是按指定量分摊或按比例分摊，以相关计量点的此值之和为分母，每个计量点分摊的变损为总变损电量乘以该计量点此值占全部参与分摊计量点此值之和的比例。

【系统选项】按照协议填写。

【系统路径】计量点—基本信息—变损分摊协议值。

【建档要求】客户有协议则按照协议值来分摊线损。

3.1.13 有功线损计算值

【档案释义】“有功线损计算值”是用于“线损计算方式”档案为“按定比”或“按定量”时设定的有功线损电量具体计算比例或数值，当“线损计算方式”档案为“按定比”时，“有功线损计算值”指的是比例；当“线损计算方式”档案为“按定量”时，“有功线损计算值”指的是数值。

当线路按定量或定比计算有功线损时，使用此属性。有功线损计算方式为定量时，则此值须为大于1的整数，为定比时此值为大于0小于1的小数，其他有功线损计算方式此值无效。

【系统路径】计量点—基本信息—有功线损计算值。

【建档要求】

1）档案标签：次级计量点。计量点的计量点级数为“次级”，则此计量点的“有功线损计算值”档案应为“0”或“空”。

2）档案标签：非高压用户。用户分类不为“高压”，则此用户的所有计量点的“有功线损计算值”档案应为“0”或“空”。

3）档案标签：专线定比。计量点的线损计算方式为“按定比”，则此计量点的“有功线损计算值”档案应为“>0且$\leqslant 0.1$的小数”，且原则上应“$\geqslant 0.0001$”不应过小，应符合现场实际用电情况。

4）档案标签：专线定量。计量点的线损计算方式为“按定量”，则此计量点的“有功线损计算值”档案应为“>0的整数”，且原则上不应过小，应符合现场实际用电情况。

5）档案标签：非专线用户。计量点的线损计算方式为“不计算”，则此计量点的“有功线损计算值”档案应为“0”或“空”。

6）档案标签：专线用户。某路供电电源的电源类型为“专线”，同一“线路台区名称”的任一顶级计量点的“有功线损计算值”档案应相同。

7）计量点的无功线损计算值不为“0”或“空”，则此计量点的“有功线损计算值”档案应不为“0”或“空”。

3.1.14 计量点级数

【档案释义】“计量点级数”是用于区分计量点级别层次的一个档案标志，分为“顶级”（母计量点）和“次级”（子计量点）。

【系统选项】顶级 / 次级。

【系统路径】计量点—基本信息—计量点级数。

【建档要求】

1）计量点的电量计算方式为“定比”，则此计量点的“计量点级数”档案为“次级”。

2）用户现场实际为有线电视、网络通信、交通信号灯等用电，且不具备装表条件时，可设置为无表定量用户。计量点的电量计算方式为“定量”，则此计量点的“计量点级数”档案应为“顶级”。

3）用户现场实际为无表临时用电。临时用电标志为“无表临时用电”，计量点的电量计算方式为“定量”，则此计量点的“计量点级数”档案应为“顶级”。

4）用户现场实际不为无表定量用户或非无表临时用电。临时用电标志为“非临时用电”，存在其他装表计量点，计量点的电量计算方式为“定量”，则此计量点的“计量点级数”档案为“次级”。

5）用户现场实际为公用电厂用户，上网电能表未在系统内建档时。则此“自报电量”计量点的“计量点级数”档案应为“次级”。

3.1.15 电量计算方式

【档案释义】“电量计算方式”是用于区分计量点电量记录方式的一个档案标志。

【系统选项】实抄（装表计量）/ 定比 / 定量 / 自报电量 / 优待电量 / 按日协定。

【系统路径】计量点—基本信息—电量计算方式。

【建档要求】

1）档案标签：装表计量点。计量点下存在“电能表”档案，则此计量点的“电量计算方式”档案应为“实抄（装表计量）”。

2）档案标签：无表计量点。计量点下不存在“电能表”档案，则此计量点的“电量计算方式”档案应为“定比”或“定量”或“自报电量”；如果选择定比，则定比值在0～1之间。

3）档案标签：无表定量用户。用户现场实际为有线电视、网络通信、交通信号灯等用电，且不具备装表条件时，可设置为无表定量用户，则此计量点的“电量计算方式”档案应为“定量”。

4）档案标签：无表临时用电。用户现场实际为无表临时用电。临时用电标志为“无表临时用电”，则此用户下计量点的“电量计算方式”档案应为“定量”。

5）档案标签：公用电厂上网电量。用户现场实际为公用电厂用户，上网电能表未在系统内建档时，则此计量点的“电量计算方式”档案应为“自报电量”。

对不具备按用电类别分线分表单独计量计费的客户，采取定比或定量计价方式计收电费。在客户完成分线分表计量改造后，应从次月起取消定比定量计费方式，并重新签订供用电合同。

【引用文件】《供电营业规则》规定：供电企业应当在用户每一个受电点内按照不同电价类别，分别安装电能计量装置，每个受电点作为用户的一个计费单位。

在用户受电点内难以按照电价类别分别装设电能计量装置时，可以装设总的电能计量装置，然后按其不同电价类别的用电设备容量的比例或实际可能的用电量，确定不同电价类别用电量的比例或定量进行分算，分别计价。供电企业每年至少对上述比例或定量核定一次，用户不得拒绝。

3.1.16 无功线损计算值

【档案释义】“无功线损计算值”是用于“线损计算方式”档案为“按定比”或“按定量”时设定的无功线损电量具体计算比例或数值，当“线损计算方式”档案为“按定比”时，“无功线损计算值”指的是比例；当“线损计算方式”档案为“按定量”时，“无功线损计算值”指的是数值。

当线路按定量或定比计算无功线损时，使用此属性。按定量计算则此值须为大于1的整数，按定比值时此值为大于0小于1的小数。

【系统路径】计量点—基本信息—无功线损计算值。

【建档要求】

1）档案标签：次级计量点。计量点的计量点级数为“次级”，则此计量点的“无功线损计算值”档案应为“0”或“空”。

2）档案标签：非高压用户。用户分类不为“高压”，则此用户的所有计量点的“无功线损计算值”档案应为“0”或“空”。

3）档案标签：专线定比。计量点的线损计算方式为“按定比”，则此计量点的“无功线损计算值”档案应为“＞0且≤0.1的小数”，且原则上应“≥0.0001”不应过小，应符合现场实际用电情况。

4）档案标签：专线定量。计量点的线损计算方式为“按定量”，则此计量点的“无功线损计算值”档案应为“＞0的整数”，且原则上不应过小，应符合现场实际用电情况。

5）档案标签：非专线用户。计量点的线损计算方式为“不计算”，则此计量点的“无功线损计算值”档案应为“0”或“空”。

6）档案标签：专线用户。某路供电电源的电源类型为“专线”，同一“线路台区名称”的任一顶级计量点的“无功线损计算值”档案应相同。

7）计量点的有功线损计算值不为“0”或“空”，则此计量点的“无功线损计算值”档案应不为“0”或“空”。

3.1.17 定比扣减标志

【档案释义】“定比扣减标志”是用于“电量计算方式”档案为“定比”时设定的定比电量计算范围的一个档案标志，以此区分定比计算对象的电量中是否应去除其他次级计量点的电量。当定比比例定在主表和分表的电量差值时，定比抄见电量是定比值乘以主表和分表的电量差值，定比扣减标志用于描述计算该差值时是否需要扣除此计量点的抄见电量。

【系统选项】是 / 否。

【系统路径】计量点—基本信息—定比扣减标志。

【建档要求】

1）计量点的电量计算方式不为“定比”，则此计量点的“定比扣减标志”为“否”。

2）计量点的电量计算方式为“定比”，且此计量点的定比计算对象为其存在计费关系的母表顶级计量点的所有电量，则此计量点的“定比扣减标志”为“否”。

3）计量点的电量计算方式为“定比”，且此计量点的定比计算对象为其存在计费关系的母表顶级计量点去除其他次级计量点的电量，则此计量点的“定比扣减标志”为“是”。

选择“是”，定的是母表剩余电量，选择“否”定的是母表抄见电量。

3.1.18 定比定量值

【档案释义】“定量定比值”是用于“电量计算方式”档案为“定比”或“定量”时设定的有功电量具体计算比例或数值。当“电量计算方式”档案为“定比”时，“定量定比值”指的是比例，应是一个小数；当“电量计算方式”档案为“定量”时，“定量定比值”指的是数值，应是一个整数。

【系统选项】按照合同或协议内容填写。

【系统路径】计量点—基本信息—定比定量值。

【建档要求】

1）计量点的电量计算方式为“实抄（装表计量）”，则此计量点的“定量定比值”档案应为“空”。

2）计量点的电量计算方式为“自报电量”，则此计量点的“定量定比值”档案应为“0”。

3）计量点的电量计算方式为“定比”，则此计量点的“定量定比值”档案应为“>0 且≤ 0.5 的小数”，且原则上应“≥ 0.01”不应过小，应符合现场实际用电情况。

4）计量点的电量计算方式为“定量”，则此计量点的“定量定比值”档案应为“>0 的整数”，且原则上不应过小，应符合现场实际用电情况。

5）无表定量用户。用户现场实际为有线电视、网络通信、交通信号灯等用电，且不具备装表条件时，可设置为无表定量用户。则此计量点的“定量定比值”档案应为“合同容量 × 每日用电小时 ×30 天”。

6）无表临时用电。用户现场实际为无表临时用电。临时用电标志为“无表临时用电”，则此用户下计量点的“电量计算方式”档案应为“定量”。

3.1.19 是否装表

【档案释义】判断计量点是否安装表计，如定比定量、无表临时用电等。

【系统选项】是 / 否。

【系统路径】计量点—基本信息—是否装表。

【建档要求】

1）如计量点需正常装表，选择是。如计量点不具备装表条件，选择否。

2）严格控制不装表临时用电，除现场确不具备装表条件的低压临时用电项目外，不得办理无表临时用电业务。临时用电不具备安装条件的情形主要包括：突发事件采用临时用电紧急供电且无法安装计量装置的，可以按照其用电容量、使用时间、规定的电价计收电费。

3）单相小功率公用设施申请用电时，少量具备装表条件的，可按照低压非居民新装正常装表建户；不具备装表条件的，可采用不装表定量计费方式。

【引用文件】《供电营业规则》第七十四条规定：在用户受电点内难以按照电价类别分别装设电能计量装置时，可以装设总的电能计量装置，然后按其不同电价类别的用电设备容量的比例或实际可能的用电量，确定不同电价类别用电量的比例或定量进行分算，分别计价。供电企业每年至少对上述比例或定量核定一次，用户不得拒绝。

3.1.20 TV 有功加损

【档案释义】对计量点加的 TV 有功损耗。在电能计量时，为消除电能表中的误差，需要对电能进行修正，将电能修正为实际的有功电能值，而这个修正过程中需要加上一些修正量，这个修正量就称为“有功加损”。

【系统路径】计量点—基本信息—TV 有功加损。

3.1.21　TV 无功加损

【档案释义】对计量点加的 TV 无功损耗。

【系统路径】计量点—基本信息—TV 无功加损。

3.1.22　计量点状态

【档案释义】“计量点状态”是用于区分计量点实际状态的一个档案标志。

【系统选项】在用 / 撤消 / 停用 / 设立，其中“撤消”“停用”和“设立”三类均代表此计量点不再使用。

【系统路径】计量点—基本信息—计量点状态。

【建档要求】

1）计量点的计量点级数为“顶级”，则此计量点的“计量点状态”档案应为“在用”；

2）计量点的计量点级数为“次级”、电价不为“转供零电价”，则此计量点的“计量点状态”档案应为“在用”。

【变更流程】提数据维护工单通过档案维护修改。

3.1.23　变损分摊标志

【档案释义】“变损分摊标志”是用于区分计量点变压器损耗电量是否需要与其他计量点分摊的一个档案标志。

【系统选项】是 / 否。

【系统路径】计量点—基本信息—变损分摊标志。

【建档要求】

1）计量点是否分摊变压器损耗，当为“否”时，计量点不参与变损电量分摊。高供低计用户计量点一般均需参与分摊。

2）非高压用户。用户分类不为“高压”，则此用户的所有计量点的“变损分摊标志”档案应均为“否”。

3）次级计量点。计量点的计量点级数为“次级”，则此计量点的“变损分摊标志”档案应为“否”。

4）非变损计量点。计量点的变损计费标志为“否”，则此计量点的“变损分摊标志”档案为“否”。

5）同线路台区的装表计量点。除同一“线路台区名称”下存在多个非拆除状态受电设备，其中一台受电设备为“所用变”且变损算法标志为“按标准表”或“按标准公式”的情况外，同一“线路台区名称”下存在多个装表顶级计量点，且变损计费标志都为“是”，则此些计量点中任一计量点的“变损分摊标志”档案应为“是”。

6）所用变压器。同一“线路台区名称”下存在多个非拆除状态受电设备，其中一台受电设备为“所用变”且变损算法标志为“按标准表”或“按标准公式”，则此“线路台区名称”下应有且只有一个“变损计费标志”档案为“是”且“变损分摊标志”为“否”的装表顶级计量点。

7）同一“线路台区名称”下只有一个顶级计量点，且变损计费标志为“是”，则此计量点的“变损分摊标志”档案为“否”。

【引用文件】

1）变压器损耗计算，新增用电客户可按出厂或交接试验报告中的四项参数按实计算。计量方式为高供低计时，变压器铁损和铜损可按照不同用电类别的用电量分摊计算。若某用电类别采用定量时不分摊变压器铁损和铜损。

2）《供电营业规则》规定：用电计量装置原则上应装在供电设施的产权分界处。如产权分界处不适宜装表的，对公用线路供电的高压用户，可在用户受电装置的低压侧计量。当用电计量装置不安装在产权分界处时，变压器损耗的有功与无功电量均须由产权所有者负担。在计算用户基本电费（按最大需量计收时）、电度电费及功率因数调整电费时，应将上述损耗电量计算在内。

3）变压器损耗计算，新增用电客户可按出厂或交接试验报告中的四项参数按实计算。计量方式为高供低计时，变压器铁损和铜损可按照不同用电类别的用电量分摊计算。若某用电类别采用定量时不分摊变压器铁损和铜损。

3.1.24 线损计费标志

【档案释义】“线损计费标志”是用于区分计量点是否需要计收“专线线损电量”的一个档案标志，分为“是”和“否”。“专线线损电量”指电能表安装位置不在资产分界点，造成专线线路在传输电能时所产生的有功损耗电量和无功损耗电量未能计入进电能表中，而需要单独计算的电量。计量点分摊的线损是否计费，当计量点参与线损分摊但不计费时，实际是供电企业承担了这些计量点的分摊线损。

【系统选项】是 / 否。

【系统路径】计量点—基本信息—线损计费标志。

【建档要求】

1）档案标签：次级计量点。计量点的计量点级数为“次级”，则此计量点的“线损计费标志”档案应为“否”。

2）档案标签：非高压用户。用户分类不为“高压”，则此用户的所有计量点的“线损计费标志”档案应均为“否”。

3）档案标签：专线用户侧计量点。用户现场实际为专线用户且电能表安装在用户侧。某路供电电源的电源类型为“专线”且所在抄表段的抄表方式不为“专线集抄”，则与此供电电源同一“线路台区名称”下的所有顶级计量点的“线损计费标志”档案应均为“是”。

4）档案标签：专线供电侧计量点。用户现场实际为专线用户且电能表安装在供电侧。某路供电电源的电源类型为“专线”且所在抄表段的抄表方式为“专线集抄”，则与此供电电源同一“线路台区名称”下的所有顶级计量点的“线损计费标志”档案应均为“否”。

5）档案标签：非专线用户。用户现场实际不为专线用户。某路供电电源的电源类型不为“专线”，则与此供电电源同一“线路台区名称”下的所有计量点的“线损计费标志”档案应均为“否”。

【引用文件】《供电营业规则》第七十七条规定：“用电计量装置原则上应装在供电设施的产权分界处。如产权分界处不适宜装表的，对专线供电的高压用户，可在供电变压器出口装表计量。当用电计量装置不安装在产权分界处时，线路的有功与无功电量均须由产权所有者负担。”

3.1.25　市场化属性类型

【档案释义】通过用户是否直接参与电力市场化确定不同类型。

【系统选项】

市场化：市场化现货交易客户 / 市场化普通直购客户 / 市场化直购客户 / 市场化零售客户 / 部分市场化零售客户 / 市场化能效客户 / 市场化增量配电网客户 / 市场化兜底客户。

非市场化：非市场化客户 / 放弃选择权的客户 / 非市场化增量配电网客户。

电网代购：退市代购用户 / 拥有燃煤自备电厂代购用户 / 高耗能代购用户 / 增量配电网代购客户。

【系统路径】计量点—基本信息—市场化属性类型。

【建档要求】

1）市场化直购客户：在电力交易中心或通过电力交易平台完成市场注册，直接和发电企业签订电能合同的用户。

2）市场化零售客户：选择通过售电公司向发电企业购电的用户。

3）普通代购客户：①选择由电网企业为其代理购电的用户。②在规定期限内未进行市场注册也未选择由电网企业为其代理购电的用户，默认选择由电网企业为其代理购电。③已直接参与市场交易又退出的用户。

【引用文件】《关于印发电力中长期交易基本规则（暂行）的通知》（发改能源〔2016〕2784 号）、《电力中长期交易规则（暂行）》（苏监能市场〔2017〕149 号）。

【变更流程】该属性值是通过电价默认来的，流程无法修改。如需修改把电价改成非工商业电价，系统会自动改，客户满足非市场化用户和工商业电价的需要签代理购电协议。

3.2 执行电价

3.2.1 是否执行峰谷标志

【档案释义】“是否执行峰谷”是用于区分计量点是否应执行峰谷分时电价的一个档案标志，分为“是”和“否”。

【系统选项】是 / 否。

【系统路径】计量点—执行电价—是否执行峰谷标志。

【建档要求】具体见第 6 章。

【变更流程】

1）“改类”流程，分段生效。

2）居民发起“居民峰谷电变更”，是当月生效。

3.2.2 功率因数标准

【档案释义】“功率因数标准”是用于区分计量点应执行何种功率因数考核标准的一个档案标志。

【系统选项】不考核 / 考核标准 0.8/ 考核标准 0.85/ 考核标准 0.9。

【系统路径】计量点—执行电价—功率因数标准。

【建档要求】见第 7 章“功率因数标准”。

【引用文件】

1）《功率因数调整电费办法》（水电财字〔1983〕第 215 号）规定：功率因数的标准值及其适用范围：①功率因数标准 0.90，适用于 160kVA 以上的高压供电工业用户（包括社队工业用户）、装有带负荷调整电压装置的高压供电电力用户和 3200kVA 及以上的高压供电电力排灌站；②功率因数标准 0.85，适用于 100kVA（kW）及以上的其他工业用户（包括社队工业用户）、100kVA（kW）及以上的非工业用户和 100kVA（kW）及以上的电力排灌站；③功率因数标准 0.80，适用于 100kVA（kW）及以上的农业用户和趸售用户，但大工业用户未划由电业直接管理的趸售用户，功率因数标准应为 0.85。

2）除临时用电、居民客户及与住宅建筑配套的消防设施、电梯、水泵、公灯外，凡受电容量在 100kVA（kW）及以上的高、低压客户均执行《功率因数调整电费办法》。功率因数计算应按照每路电源分别进行。

3）《关于明确排灌专用变用户执行电价有关问题的批复》（苏价工〔2006〕429 号）

规定：对电力排灌，执行非工业电价，功率因素标准 0.85；对农田排灌，执行农业生产电价，功率因素标准 0.80。

4）从 2023 年 9 月 1 日起，路灯照明用电（含农村路灯照明用电）应按照《功率因数调整电费办法》（水电财字〔1983〕第 215 号）要求，执行功率因数考核。之前《江苏省物价局关于明确电价执行有关问题的通知》（苏价工〔2011〕278 号）规定：路灯照明用电暂不执行功率因数调整电费办法，但自 2011 年 9 月 1 日起，对新上路灯照明客户应要求安装无功补偿装置，功率因数须达到 0.9 以上。

5）工业用电的保安电源不得用于日常生产用电，不论容量大小，均不参与功率因数调整电费。

6）各级投资主管部门核准（或备案）后接入电网的核电、火电、抽水蓄能、可再生能源以及资源综合利用等公用发电企业，因启动调试、检修等自身原因向电网购买的电量，不参与功率因数调整电费。

7）用户所用变按该户用电类别执行相应电价，纳入供用电合同约定容量。大工业用户所用变执行大工业电价。

8）选择执行两部制峰谷分时电价的商业用户，功率因数考核标准维持不变。

3.2.3 是否参与直接交易标志

【档案释义】判断是否在电力交易中心或通过电力交易平台完成市场注册，直接和发电企业签订电能合同的用户，即市场化直购客户。

【系统选项】是 / 否。

【系统路径】计量点—执行电价—是否参与直接交易标志。

【建档要求】根据市场化签订主体确认，具体认定以交易中心反馈为准。一般情况下，一类用户，选择“是”；二类用户，选择“否”。

【引用文件】《关于印发电力中长期交易基本规则（暂行）的通知》（发改能源〔2016〕2784 号）、《电力中长期交易规则（暂行）》（苏监能市场〔2017〕149 号）。

3.2.4 计费关系

【档案释义】“计费关系”是用于设定次级计量点与顶级计量点的关联关系或转供户与被转供户的关联关系，在设定后可以进行母子级计量点或母子户间电量扣减。

【系统选项】主分 / 转供 / 参考 / 楼梯照明分摊 / 正反向 / 相加 / 相减 / 共享 / 总分。

【系统路径】计量点—计费关系。

【建档要求】

1）定比计量点，次级计量点计费关系“主分”。

2）转供户子户，计费关系“转供”。

第4章 电能计量装置

4.1 电能表

4.1.1 类别

【档案释义】电能表的类别分为：无功表、多功能表、复费率表、需量表、预付费表、长寿命技术表、亚长寿命技术表、智能电能表、导轨式电能表、数字式电能表、物联表等。

【系统选项】无功表 / 多功能表 / 复费率表 / 需量表 / 预付费表 / 长寿命技术表 / 亚长寿命技术表 / 智能电能表 / 导轨式电能表 / 数字式电能表 / 物联表。

【系统路径】计量点—电能表—类别。

【建档要求】此项非运行档案，由省侧资产人员根据采购信息统一完成建档，此后不可修改。

【引用文件】《智能电能表功能规范》（Q/GDW 10354—2020）。

【变更流程】通过改类进行设备更换。

4.1.2 型号

【档案释义】我国电能表型号的表示方法一般按《电工仪器仪表产品型号编制方法》（GB 28879—2012）规定编排：类别代号 + 组别代号 + 设计序号 + 派生号。电能表型号含义见表 4-1。

【建档要求】此项非运行档案，由省侧资产人员根据采购信息统一完成建档，此后不可修改。

表 4-1　　电能表型号含义

第一部分（类别代号）	第二部分（第一组别）	第三部分（第二组别）	第四部分（功能代号）		第五部分（注册号）	费控介质类型代号（通信信道代号）	
D电能表	D单相	空 机械或机电式	Y	费控（第二组类别号为Z）或预付费	阿拉伯数字	空	Z载波
	S三相三线						
	T三相四线	S静止（电子）式	F	多费率		C CPU	G GPRS
	X无功		空				

续表

第一部分	第二部分	第三部分	第四部分		第五部分（注册号）	费控介质类型代号（通信信道代号）	
（类别代号）	（第一组别）	（第二组别）	（功能代号）				
D 电能表	B 标准	Z 智能型	（X）	最大需量	阿拉伯数字	S 射频卡	C CDMA
	空		D	多功能			

【系统路径】计量点—电能表—型号。

【变更流程】通过改类进行设备更换。

4.1.3　类型

【档案释义】“电能表类型”是用于区分电能表实际类型的一个档案标志，目前国网江苏电力使用的均为智能电能表，参数选择“2 时段类表”“5 时段类表”“0 时段类表”和“导轨表”等。

【系统路径】计量点—电能表—类型。

【建档要求】

1）档案标签：磁卡购电表计。电能表现场实际为磁卡购电表计。计量点的是否参考表为“是”，则此电能表的“电能表类型”档案应为“预付费表”。

2）档案标签：居民用户。用户分类为“低压居民”，则此用户下的“电能表类型”档案应为“2 时段类表”。

用户分类为“高压”，且只存在一个计量点、计量点电价为“城镇居民照明电价”，则此用户下的“电能表类型”档案应为“2 时段类表”。

3）档案标签：居民合表类电价的充电设施用电。计量点是否执行峰谷为“是”、电价为“（电动汽车）城镇居民合表”或“（综合变）（电动汽车）乡村居民合表”或“（电动汽车）执行居民合表电价的非居民”或“（综合变）（电动汽车）执行居民合表电价的非居民”，则此计量点下的“电能表类型”档案应为“2 时段类表”。

4）档案标签：尖峰电价用户。

定价策略类型为“两部制”、计量点的是否执行峰谷为“是”、电价为“大工业非优待”或“大工业电子计算中心电价”，则此计量点下的“电能表类型”档案应为“7 时段类表”。

5）档案标签：其他分时用户。

用户分类不为“低压居民”、计量点的是否执行峰谷为“是”、电价不为“大工业非优待”且不为“大工业电子计算中心电价”且不为“（电动汽车）城镇居民合表”且不为“（综合变）（电动汽车）乡村居民合表”且不为“（电动汽车）执行居民合表电价的非居民”且不为“(综合变)(电动汽车)执行居民合表电价的非居民”，则此计量点下的“电能表类型”档案应为“5时段类表”。

6）档案标签：高压不分时用户。

用户分类为“高压”、计量点的是否执行峰谷为“否”、电价不为“城镇居民照明合表户”，则此计量点下的“电能表类型”档案应为“5时段类表”。

7）档案标签：其他情况。非上述6种情况时，计量点下“电能表类型”档案应为“2时段类表”或“5时段类表”。

【变更流程】通过改类进行设备更换。

4.1.4 表电压

【档案释义】表电压是指电能表的设计电压，也就是电能表能够安全且正常工作的电压范围。

【系统路径】计量点—电能表—表电压。

【建档要求】

1）通过江苏省营销系统客户统一视图界面查询用电编号，点击“用电负荷曲线”，进入用电信息采集系统界面。

2）点击用电信息采集系统界面的“实时召测 -95598”，进入实时召测界面。

3）勾选“电压、电流”选项，点击“透抄”按钮，可以查询该户电表的实时电压、电流数据。

4）计量方式为“低供低计”时，该计量点下电能表的【电压】不应为“3×100V”“3×57.7/100V”“其他”。

【变更流程】通过改类进行设备更换。

4.1.5 表电流

【档案释义】表电流参数包括基本电流和额定最大电流，基本电流反映电能表有关特性的电流值，也称标定电流，额定最大电流为电能表能满足标准规定的准确度的最大电流值。

【系统路径】计量点—电能表—表电压。

【建档要求】

1）通过江苏省营销系统客户统一视图界面查询用电编号，点击“用电负荷曲线”，进入用电信息采集系统界面。点击用电信息采集系统界面的“实时召测 -95598”，进入实时召测界面。勾选“电压、电流”选项，点击“透抄”按钮，可以查询该户电表的实时电压、电流数据。

2）根据电流互感器二次额定电流选择，无电流互感器选择5（60）A、10（100）

A；电流互感器二次额定电流 5A，选择 1.5（6）A；电流互感器二次额定电流 1A，选择 0.3（1.2）A。

【变更流程】通过改类进行设备更换。

4.1.6　自身倍率

【档案释义】“自身倍率”指电能表本身自带的倍率，在现有营销规定及实际电能表中，自身倍率均应为 1。

【系统路径】计量点—电能表—自身倍率。

【建档要求】电能表的“自身倍率”档案应为“1”。

4.1.7　产权单位

【档案释义】指电能计量装置产权归属主体，一般以出资主体作为产权单位。

【系统路径】计量点—电能表—产权单位。

【系统选项】供电企业营销资产 / 客户资产 / 供电企业非营销资产 / 其他。

【建档要求】

1）营销资产：供电企业不得违反国家有关规定向用户收取电能计量装置费用。自 2024 年 1 月 1 日起，新受理业务所需的 10kV 及以上计量专用高压互感器原则上由供电公司统一投资建设，产权选择“供电企业营销资产”。

2）客户资产：计费用的计量专用互感器应当由供电企业出资购置符合国家规定的产品，用户应当提供合理安装位置、适宜空间等安装条件。用户对互感器类型、尺寸、准确度、功能等有差异化需求，由用户成套购置更为经济合理的，用户可与供电企业协商自行购置与更换；用户自备互感器经供电企业检验合格并加封后，可以作为计费互感器。

【引用文件】

1）《供电营业规则》第七十五条规定：供电企业不得违反国家有关规定向用户收取电能计量装置费用。

2）《国务院办公厅转发国家发展改革委等部门关于清理规范城镇供水供电供气供暖行业收费促进行业高质量发展的意见》（国办函〔2020〕129 号）。

【变更流程】通过改类流程进行设备更换。

4.1.8　准确性等级

【档案释义】用于划分电能表有功测量精度，数值越小代表准确度等级越高，如 0.2S 精度高于 0.5S，《智能电能表功能规范》（Q/GDW 10354—2020）将原为 2 级、1 级、0.5S 级和 0.2S 级定义为 A 级，B 级，C 级，D 级。

【系统路径】计量点—电能表—有功准确性等级。

【建档要求】有功电能表准确度等级分为：Ⅰ类电能计量装置 -0.2S 或 D；Ⅱ类电能计量装置 -0.5S 或 C；Ⅲ类电能计量装置 -0.5S 或 C；Ⅳ类电能计量装置 -1 或 B；Ⅴ类电能计量装置 -2 或 A。

【引用文件】《电能计量装置技术管理规程》(DL/T 448—2016)。

【变更流程】通过改类流程进行设备更换。

4.1.9 无功准确性等级

【档案释义】用于划分电能表无功测量精度。

【系统路径】计量点—电能表—无功准确性等级。

【系统选项】2

【建档要求】江苏在用智能表无功准确度等级均为 2 级。

4.1.10 电能表显示位数

【档案释义】“电能表显示位数”指电能表可记录的最大位数及小数点后可记录的最长位数，例如，“电能表显示位数”为 6.2，即代表此电能表可显示的最大位数为小数点前 6 位数、小数点后 2 位数。此档案又分为电能表档案中的“电能表显示位数”和抄表档案中的“抄见位数”。

【系统路径】计量点 - 电能表—电能表显示位数。

【建档要求】同一电能表的运行电能表示数中的“抄见位数”档案与电能表信息中的“电能表位数”档案应一致。

【变更流程】通过改类流程进行设备更换。

4.1.11 综合倍率

【档案释义】指电能表所匹配互感器的倍率，是间接式计量电能表所配电流互感器、电压互感器变比及电能表自身倍率的乘积，用于区分电能表记录到的示数以何种倍数关系计算电量的一个档案标志，通过电流互感器变比与电压互感器变比的乘积计算得到。

【系统路径】计量点—电能表—综合倍率。

【系统选项】/

【建档要求】

1）最小为“1”，不可为“0”。

2）计量点下无任何电流互感器或电压互感器，则此计量点下的电能表“综合倍率”档案应为“1”。

3）计量点下存在电流互感器不存在电压互感器，则此计量点下的电能表“综合倍率”档案应“＝此计量点下电流互感器变比”。

4）计量点下存在电流互感器且存在电压互感器，则此计量点下的电能表“综合倍率”档案应“＝此计量点下电流互感器变比与电压互感器变比的乘积”。

5）同一计量点中存在多块电能表，则此计量点下的所有电能表的“综合倍率”档案应“相同”。

【变更流程】通过改类进行设备更换。

4.1.12 是否参考表

【档案释义】“是否参考表”是用于区分电能表是否为结算表的一个档案标志，分为“是”和“否”。

【系统选项】是 / 否。

【系统路径】计量点—电能表—是否参考表。

【建档要求】

1）同一计量点下应只配置一块“是否参考表”档案为“否”的电能表。

2）同一计量点下应只配置一块“是否参考表”档案为“是”的电能表。

3）档案标签：正常计费用户。用户分类不为“考核”、计量点电价不为“转供零电价”、同一计量点下只有一块电能表，则此电能表的“是否参考表”档案应为“否”。

【引用文件】《电能计量装置技术管理规程》（DL/T 448—2016）。

【变更流程】档案维护。

4.1.13 接线方式

【档案释义】指电网经营企业与电力用户间结算电费的电能计量点接入所属线路的接线方法，包括单相、三相三线、三相四线。

【系统路径】计量点—电能表—接线方式。

【建档要求】

1）根据用户实际计量方式，选择接线方式。

2）中性点小电流接地系统的电能计量装置，应采用三相三线有功、无功或多功能电能表；中性点直接接地系统的电能计量装置，应采用三相四线有功、无功或多功能电能表。

3）中性点小电流接地系统的电压互感器，35kV 及以上的宜采用 Y/y 方式接线；35kV 以下的宜采用 V/v 方式接线；中性点直接接地系统的电压互感器，宜采用 Y0/y0 方式接线，其一次侧接线方式和系统接地方式相一致。

4）低压供电，计算负荷在 60A 及以下时，电能计量装置接线宜采用直接接入式；计算负荷电流为 60A 以上时，宜采用经电流互感器接入式。

5）计量点电压等级为 220V，计量点接线方式应为单相。

6）计量点的计量方式为低供低计，计量点接线方式不应为三相三线。

7）用户供电电压为 10kV 且其计量点的计量方式为高供低计，计量点接线方式不应为三相三线。

8）电能计量点计量方式为高供高计，接线方式不应为单相。

【引用文件】《电能计量装置技术管理规程》（DL/T 448—2016）要求，接入中性点绝缘系统的电能计量装置，应采用三相三线有功、无功或多功能电能表。接入非中性点绝缘系统的电能计量装置，应采用三相四线有功、无功或多功能电能表。

【变更流程】通过改类进行设备更换。

4.1.14 上次检验日期

【档案释义】指计量设备最近一次的检定时间。

【系统路径】计量点—电能表—上次检验日期。

【建档要求】检定流程完成后，系统自动记录。

4.1.15 检验周期

【档案释义】按规程规定的周期对电能计量装置进行现场检验［摘自《电能计量装置技术管理规程》（DL/T 448—2016）］，对计量、充电设施等运行设备进行的周期性检验与维修。

【系统路径】计量点—电能表—检验周期。

【建档要求】按照《电能计量装置技术管理规程》（DL/T 448—2016）划分，一是新投运或改造后的Ⅰ、Ⅱ、Ⅲ类电能计量装置应在带负荷运行一个月内进行首次电能表现场检验；二是运行中的电能计量装置，Ⅰ类宜每 6 个月现场检验一次，Ⅱ类宜每 12 个月现场检验一次，Ⅲ类宜每 24 个月现场检验一次。长期处于备用状态或现场检验时不满足检验条件的电能表，经实际检测，不宜进行实负荷误差测定，但应填写现场检验报告、计量现场实际检测状况。

【引用文件】《电能计量装置技术管理规程》（DL/T 448—2016）。

4.2 互感器

4.2.1 类型

【档案释义】互感器分为电压互感器和电流互感器，主要作用是将高电压或大电流按比例变换成标准低电压或标准小电流，以便实现测量仪表、保护设备及自动控制。

【系统路径】计量点—互感器—类型。

【系统选项】常用的为电压互感器高压 TV，电流互感器高压 TA/ 低压 TA。

【建档要求】

1）根据计量方式（低供低计、高供低计或高供高计），选择低压电流互感器、高压电流互感器、高压电压互感器。

2）计量点下存在电压互感器，则此计量点下应存在“电流互感器”档案。

3）计量点的计量方式为高供高计，则此计量点下应存在“电压互感器”档案。

4）计量点的计量方式为高供低计或低供低计，则此计量点下应不存在“电压互感器”档案。

5）计量点的计量方式为高供高计或高供低计，此计量点下应存在“电流互感器”档案。

【引用文件】《电能计量装置技术管理规程》（DL/T 448—2016）。

【变更流程】通过改类进行设备更换。

4.2.2 电流变比

【档案释义】“电流变比”指电流互感器流过一次绕组与二次绕组电流比，是计算电能表综合倍率的一个重要参数。

【系统路径】计量点—互感器—电流变比。

【建档要求】同一计量点下各个电流互感器的“电流变比”档案应一致。

【引用文件】/

【变更流程】通过改类进行设备更换。

4.2.3 电压变比

【档案释义】“电压变比”指电压互感器一次绕组与二次绕组之间的电压比，是计算电能表综合倍率的一个重要参数。

【系统路径】计量点—互感器—电压变比。

【建档要求】同一计量点下各个电压互感器的“电压变比”档案应一致。

【变更流程】通过改类进行设备更换。

4.2.4 TA 准确度等级

【档案释义】指电流互感器（TA）本身误差的等级。

【系统路径】计量点—互感器—TA 准确度等级。

【建档要求】依据《电能计量装置技术管理规程》（DL/T 448—2016）要求配置，见表 4-2。

表 4-2 电能计量装置准确度等级

电能计量装置类别	准确度等级			
	电能表		电力互感器	
	有功	无功	电压互感器	电流互感器 *
Ⅰ	0.2S	2	0.2	0.2S
Ⅱ	0.5S	2	0.2	0.2S
Ⅲ	0.5S	2	0.5	0.5S
Ⅳ	1	2	0.5	0.5S
Ⅴ	2	—	—	0.5S

* 发电机出口可选用非 S 级电流互感器。

【引用文件】《电能计量装置技术管理规程》(DL/T 448—2016)。

【变更流程】通过改类进行设备更换。

4.2.5 TV 准确度等级

【档案释义】指电压互感器(TV)本身误差的等级。

【系统路径】计量点—互感器—TV 准确度等级。

【建档要求】依据《电能计量装置技术管理规程》(DL/T 448—2016)要求配置，见表 4-2。

【引用文件】《电能计量装置技术管理规程》(DL/T 448—2016)。

【变更流程】通过改类进行设备更换。

4.3 二次回路

4.3.1 导线规格

【系统路径】计量点—二次回路—导线规格。

【建档要求】《电能计量装置技术管理规程》(DL/T 448—2016)要求，互感器二次回路的连接导线应采用铜质单芯绝缘线。对电流二次回路，连接导线截面积应按电流互感器的额定二次负荷计算确定，至少应不少于 $4mm^2$，对于电压二次回路，连接导线截面积应按允许的电压降计算确定，至少应不小于 $2.5mm^2$。

【引用文件】《电能计量装置技术管理规程》(DL/T 448—2016)。

4.3.2　电流二次回路接线方式

【档案释义】电流互感器的接线方式按其所接负载的运行要求确定。

【系统路径】计量点—二次回路—电流二次回路接线方式。

【系统选项】二线连接（单相）/ 三线连接（三相三线）/ 四线连接（三相三线）/ 四线连接（三相四线）/ 六线连接（三相四线）。

【建档要求】

1）三相三线制接线的电能计量装置，其 2 台电流互感器二次绕组与电能表之间宜采用四线连接。

2）三相四线制连接的电能计量装置，其 3 台电流互感器二次绕组与电能表之间宜采用六线连接。

【引用文件】《电能计量装置技术管理规程》（DL/T 448—2016）。

4.3.3　电压二次回路接线方式

【档案释义】接线方式按其所接负载的运行要求确定。

【系统路径】计量点 - 二次回路 - 电压二次回路接线方式。

【系统选项】V/V、Y/Y、Y0/Y0、Y/V。

【建档要求】

1）接入中性点绝缘系统的 3 台电压互感器，35kV 及以上的宜采用 Y/Y 接线。

2）接入中性点绝缘系统的 2 台电压互感器，35kV 以下的宜采用 V/V 接线。

3）接入非中性点绝缘系统的 3 台电压互感器，宜采用 Y0/Y0 接线，其一次侧接地方式和系统接地方式相一致。

【引用文件】《电能计量装置技术管理规程》（DL/T 448—2016）。

4.4　计量箱

4.4.1　类别

【档案释义】为防止外力破坏、运行磨损、外部环境等原因影响电能计量装置的计量功能，10（6、20）kV 以下电压供电的用户，应当配置符合《电能计量柜》（GB/T 16934—2013）等国家标准的专用电能计量柜（箱）。按照《电能计量装置技术管理规程》（DL/T 448—2016）规定，为保证电流、电压互感器计量的准确性，对 35kV 以上电压供电的用户，应当配置有专用的电压、电流互感器或电压互感器专用二次连接线、电流互感器专用二次线圈，并不得与保护、测量回路共用。

【系统选项】计量箱 / 计量柜 / 计量屏。

【系统路径】计量点—计量箱—类别。

【建档要求】

1）35kV 及以上电能计量装置应配置符合 GB/T 16934 规定的专用电能计量柜（箱）。

2）10kV 及以下电能计量装置应配置符合 GB/T 16934 规定的专用整体式电能计量柜（箱）。

【引用文件】

《电能计量装置配置规范》（DB32/T 991—2022）。

《电能计量柜》（GB/T 16934—2013）。

【变更流程】

1）资产维护模块。

2）“箱表关系维护或者改造”流程。

4.4.2　材料类型

【档案释义】/

【系统选项】不锈钢 / 铝 / 塑料 / 铁 / 合金 / 玻璃钢 / 塑钢 / 木质 /PC+ABS/ 镀锌冷轧钢板 / 纸质 / 其他。

【系统路径】计量点—计量箱—材料类型。

【建档要求】电能计量柜应采用金属材料，电能计量箱宜采用金属材料。

【引用文件】《电能计量装置配置规范》（DB32/T 991—2022）。

【变更流程】

1）资产维护模块。

2）“箱表关系维护或者改造”流程。

4.4.3　安装方式

【档案释义】/

【系统选项】悬挂安装式 / 嵌入安装式 / 落地安装式。

【系统路径】计量点—计量箱—安装方式。

【建档要求】

1）高压客户通常采用计量柜装置，该设备采用落地式安装；

2）居民小区客户通常采用集中表箱，一般为嵌入式；

3）共用变关口表、路灯变、排灌变等通常采用悬挂安装式。

4.5　采集点

4.5.1　类别

【档案释义】根据现场不同采集装置选择不同类别。

【系统选项】电能量终端 / 集中器 / 采集器 / 负荷控制终端 / 网荷互动终端 / 末端感知终端 / 回路状态巡检仪 / 融合终端 / 配变监控终端 / 低压采集终端 / 光网络单位 ONU/ 通信接口转换器 / 其他。

常用的有电能量终端 / 负荷控制终端以及集中器。

【系统路径】计量点—采集点—类别。

【建档要求】

1）电能量终端：用于电网关口信息采集，一般用户专线、光伏发电用户系统变电站侧计量采集用。

2）负荷控制终端：用于接入公用线路的专变用户的计量表采集。

3）集中器：用于 100kVA 以下的农业排灌、路灯及临时用电或者公用变关口表采集。

【变更流程】批量更换采集器可以走计量计划制定、计量设备更换；单户的可以走故障流程，但是故障只能同类型更换采集器。

4.5.2　类型

【档案释义】/

【系统选项】电能量采集 / 负荷控制终端采集 / 集中器采集。其中，负荷控制终端采集通常又分为专变采集终端Ⅰ型 / 专变采集终端Ⅱ型。集中器通常又分为集中器Ⅰ型 / 集中器Ⅱ型。

【系统路径】计量点—采集点—类型。

【建档要求】

1）用于电网关口信息采集，一般用户专线、光伏发电用户系统变电站侧计量采集用，选择电能量采集。

2）用于 100kVA 及以上的电力用户（除去使用专变采集终端Ⅱ型特殊用户），选择专变采集终端Ⅰ型。

3）用于 100kVA 及以上的农业排灌、路灯及临时用电；用于 80kVA 及以下的工业用户，选择专变采集终端Ⅱ型。

4）用于公变关口计量采集，选择集中器Ⅰ型。

5）用于 100kVA 以下的农业排灌、路灯及临时用电，选择集中器Ⅱ型。

【变更流程】批量更换采集器可以走计量计划制定、计量设备更换；单户的可以走故障流程，但是故障只能同类型更换采集器。

4.5.3　采集点类型

【档案释义】以安装采集装置的位置为唯一标识的采集关联关系的集合。

【系统选项】关口采集点 / 用电客户采集点。

【系统路径】计量点—采集点—采集点类型。

【建档要求】

1）用电客户采集点指安装于用户侧变电站的电能采集装置，根据采集装置不同安装位置选择不同类型。

2）关口采集点指安装于系统变电站内的电能采集装置，一般通过电能量采集终端采集，多用于专线及发电上网用户。

【变更流程】批量更换采集器可以走计量计划制定、计量设备更换；单户的可以走故障流程，但是故障只能同类型更换采集器。

4.5.4　通信规约

【档案释义】描述物联设备发送数据、接受指令的数据格式的约定。

【系统选项】采集终端通信规约分为 698/645 规约、DL/T 645—2007、面对对象通信协议等。

【系统路径】计量点—采集点—通信规约。

【建档要求】目前新装采集终端通信规约均采用 698/645 规约。

4.5.5　是否远程通信

【档案释义】采集终端和系统主站之间的数据通信。

【系统选项】是 / 否。

【系统路径】计量点—采集点—是否远程通信。

【建档要求】目前的采集终端均支持远程通信，一般分为无线专网和无线公网。

第5章 典型客户档案

5.1 电动汽车

根据《省发展改革委关于进一步明确我省电动汽车充换电设施用电价格有关事项的通知》(苏发改价格发〔2023〕969号)规定，电动汽车充换电设施用电按所在场所分为居民住宅小区、执行居民电价的非居民客户处和其他场所(包括供电公司、新能源公司、其他非居民客户等)三大类。

5.1.1 居民住宅小区

标签：居民住宅小区内和居民家庭住宅设置的向电网企业直接报装的充换电设施(含公共充换电设施)用电。

行业分类：根据申请主体及是否报装主体自用选择行业分类。若非自用则行业分类应为“充换电服务业”，若自用则行业分类按申请主体选择，用户申请主体为“居民”，则行业分类应为“城镇/乡村居民”；用户申请主体为“开发公司、物业公司、业主委员会等”，则行业分类应为“物业管理”；用户申请主体为“村委会、居委会等”，则行业分类应为“村民自治组织/社区居民自治组织”；用户申请主体为“充换电经营企业等其他客户”，则行业分类应为“充换电服务业”。

用电类别：用户申请主体为“居民”，则用电类别应为“城镇/乡村居民生活用电”；用户申请主体为除居民外的其他主体，则用电类别应为“非工业”。

电价：电价按申请主体选择，若用户申请主体为居民，则电价应为“(电动汽车)城镇/乡村居民合表”；若用户申请主体为居民住宅小区内除居民外的其他主体，则电价应为“(电动汽车)居民住宅小区公共充电设施合表”。

是否执行峰谷：在居民小区内部直接报装的充换电企业等其他客户，无论是否存在经营性行为，均执行分时电价。

功率因数执行标准：功率因数执行标准按申请主体选择，若用户申请主体为居民，则不进行功率因数考核；若用户申请主体为居民住宅小区内除居民外的其他主体，且达到执行力调的容量标准，力调按非工业电价类别0.85执行。

计量点性质：结算。

主用途类型：售电侧结算。

5.1.2 执行居民电价的非居民客户处

标签：执行居民电价的非居民用户中设置的向电网企业直接报装的充换电设施用电。

行业分类：按所在场所选择。

用电类别：非工业。

电价：（电动汽车）执行居民合表电价的非居民。

是否执行峰谷：执行分时电价。

功率因数执行标准：按所在场所执行。

计量点性质：结算。

主用途类型：售电侧结算。

5.1.3 其他场所（包括供电公司、新能源公司、其他非居民客户等）

1）标签：独立报装（或独立受电点）集中式充换电设施用电。

行业分类：充换电服务业。

用电类别：非工业。

电价：（两部制）大工业（电动汽车），2030 年前免收需量（容量）电费。

是否执行峰谷：可以选择执行或不执行分时电价，但选定后 12 个月之内保持不变。

功率因数执行标准：若达到执行力调的容量标准，力调按非工业电价类别 0.85 执行。

计量点性质：结算。

主用途类型：售电侧结算。

2）标签：独立报装（或独立受电点）非集中式充换电设施用电。

行业分类：充换电服务业。

用电类别：非工业。

电价：所在场所工商业电价（电动汽车）。

是否执行峰谷：可以选择执行或不执行分时电价，但选定后 12 个月之内保持不变。

功率因数执行标准：若达到执行力调的容量标准，力调按非工业电价类别 0.85 执行。

计量点性质：结算。

主用途类型：售电侧结算。

3）标签：非独立报装（或独立受电点）充换电设施用电。

行业分类：按所在场所选择。

用电类别：按所在场所选择。

电价：所在场所工商业电价（电动汽车）。

是否执行峰谷：可以选择执行或不执行分时电价，但选定后 12 个月之内保持不变。

功率因数执行标准：按所在场所执行。

计量点性质：结算。

主用途类型：售电侧结算。

5.2　自备电厂

1）标签：自备电厂用户。自备电厂为满足本企业的生产、建设及生活需要而进行电能生产，在自给有余时向电网供电。

行业分类：按用户实际情况生产选择。

用电类别：大工业用电。

电价：（两部制）大工业。

是否执行峰谷：执行分时电价。

功率因数执行标准：力调按大工业电价类别 0.9 执行。

计量点性质：结算。

主用途类型：售电侧结算。

基本电费计算方式：特殊算法。

需量核定值：根据并网协议中约定电源系统备用容量填写。

系统备用费计算方式：按协议容量计算。

系统备用费和基本电费的区别：系统备用费是按照电网协议约定的，整月收取，不受暂停减容影响，如需变更系统备用费，需重新签订协议或签订补充协议，主备供均需按照协议约定值分别或合并计算，系统备用费不参与功率因数调整电费计算，不包含在电费收入中。

2）标签：自备电厂基金用户。

基金征收范围：资源综合利用电厂、热电联产电厂收取重大水利基金、可再生能源附加两项基金；不符合资源综合利用、热电联产规定的自备电厂均应按国家规定缴纳三峡基金、农网还贷基金和城市公用事业附加（三峡基金、城市公用事业附加已取消）。

计算公式：自发自用电量 = 发电量—上网电量—厂用电。

行业分类：其中：电厂生产全部耗用电量。

用电类别：考核。

电价：再生能源和重大水利合计。

是否执行峰谷：不执行分时电价。

功率因数执行标准：不执行力调。

计量点性质：结算。

主用途类型：发电关口。

基本电费计算方式：不计算。

协议：《机组并网与电力供应协议》。

5.3 公用电厂

公用电厂是指向电网供电，为国民经济各部门、各行业以及城乡居民提供电能的发电厂，电力市场主体中属于发电企业。

各级投资主管部门核准（或备案）后接入电网的核电、火电、抽水蓄能、可再生能源以及资源综合利用等公用发电企业，因启动调试、检修等自身原因向电网购买的电量，执行大工业电度电价标准，不收取基本电费，不执行峰谷分时电价，不参与功率因数调整电费。

标签：公用电厂。

行业分类：其中：电厂生产全部耗用电量。

用电类别：大工业用电。

电价：（两部制）大工业。

是否执行峰谷：不执行分时电价。

功率因数执行标准：不执行力调。

计量点性质：结算。

主用途类型：售电侧结算。

基本电费计算方式：不计算。

5.4 储能用户

“单一储能”类客户是指由同一法人主体投资、在同一产权和建筑红线范围内建设、由储能电池（或储能介质）及其配套设备组成的客户。

1）标签：抽水蓄能电站。

抽水蓄能电站主要是指向上水库抽水蓄能、向下水库放水发电的水电站。

行业分类：抽水蓄能耗用电量。

用电类别：抽水蓄能。

电价：抽水蓄能电站抽水电价。

是否执行峰谷：不执行分时电价。

功率因数执行标准：不执行力调。

计量点性质：结算。

主用途类型：售电侧结算。

基本电费计算方式：不计算。

2）标签：独立储能电站。独立储能电站主要是指应用除抽水蓄能外的新型储能技术的独立储能电站。例如，利用电化学储能、飞轮储能、氢储能、压缩空气等技术建设的储能电站。

行业分类：电力供应。

用电类别：大工业用电。

电价：（两部制）新型电网侧储能充电电价。

是否执行峰谷：不执行分时电价。

功率因数执行标准：不执行力调。

计量点性质：结算。

主用途类型：售电侧结算。

第6章 峰谷分时标准

6.1 基本政策

1）《省物价局关于进一步规范电价管理》（苏价工〔2004〕219号）规定："销售侧峰谷分时电价执行范围扩大到100kVA（kW）及以上大工业、普通工业用户。"

2）《省物价局关于居民用电试行峰谷分时电价的通知》（苏价电传〔2003〕41号）规定："决定在我省试行居民用电峰谷分时电价，居民峰谷分时电价分为高峰和低谷时段。"

3）《省物价局关于试行居民用电阶梯式电价的通知》（苏价工〔2012〕182号）规定："在执行峰谷电价的地区，继续由居民用户自愿选择执行居民峰谷分时电价，一经选定，一年内不得变更。"

4）《省物价局关于印发江苏省电网销售电价分类适用范围说明的通知》（苏价工〔2015〕334号）规定："居民阶梯电价执行范围为省级电网供电区域内实行'一户一表'的城乡居民用户。居民用户自愿选择是否执行峰谷分时电价，一经选定，一年内不得变更。"

5）《省物价局关于进一步明确电价政策有关问题的通知》（苏价工〔2004〕297号）规定："农村综合变以下的用户暂不实行峰谷分时电价政策。"

6.2 非分时类电价

用户现场实际为电气化铁路用电、或城市亮化路灯用电、或非工业用电、或农村饮水供水工程的生产性用电、或照明用电、或农村路灯用电、或学校用电、或敬老院用电、或医院用电、或商业用电、或社区服务设施用电、或宗教组织用电、或党政机关及事业单位和社会公共停车场中的充电设施用电、或居民合表户用电、或居民小区公用用电、或公用电厂下网电量、或分布式光伏发电及上网电量、或关口台区电量、或农业用电、或综合变以下所有用电［不包括居民住宅（小区）的充电设施用电、执行居民合表类电价的非居民充电设施用电、农村居民生活用电］。

计量点的电价为"（电铁）大工业"或"其他照明城镇路灯照明"或"非工业"或"农村饮水安全工程"或"其他照明"或"农村路灯照明"或"大中专、中小学等"或"敬老院、医院等"或"商业非居民照明"或"城市社区服务设施"或"宗教组织等"

或“(电动汽车)工商业”或“城镇居民照明合表户”或“居民小区公用动力”或“居民小区公用照明”或“大工业公用电厂下网”或“分布式光伏发电补贴电价”或“燃煤机组脱硫标杆上网电价”或“分布式光伏发电补贴电价(新)”或“转供零电价”或“农业生产用电”或“农业生产排灌”或“农业生产抗灾救灾”或“农业生产省属外大型翻水”或“农产品初加工”或“综合变以下所有电价[不包括‘(综合变)(电动汽车)乡村居民合表’‘(综合变)(电动汽车)执行居民合表电价的非居民’‘农村居民照明电价’]”。

以上电价均不包括同类别的蓄冰制冷和热水热泵电价，则此计量点的“是否执行峰谷”档案应为“否”。

6.3　港口岸电

按《国家发展改革委关于创新和完善促进绿色发展价格机制的意见》(发改价格规〔2018〕943 号)、《国家发展改革委关于第三监管周期省级电网输配电价及有关事项的通知》(发改价格〔2023〕526 号)政策，用电容量在 315kVA 及以上的，执行两部制电价，2025 年底前免收需量(容量)电费；用电容量在 100～315kVA 之间的，由客户自愿选择执行两部制电价，对选择执行两部制电价的，2025 年底前免收需量(容量)电费，其中，低压供电客户是否可选择执行两部制电价，根据地方两部制电价具体规定确定；用电容量在 100kVA 及以下的，执行单一制电价。

《关于明确船舶岸基供电设施用电价格和服务价格的通知》(苏价工〔2015〕248 号)规定：“对港口船舶岸基供电设施用电，2020 年前，用电价格不执行峰谷分时电价政策”，用户现场实际为港口船舶岸基供电设施用电。计量点的电价为“大工业岸电电价”，则此计量点的“是否执行峰谷”档案在 2020 年前应为“否”，2020 年后按物价部门最新发文执行。

电动船舶充换电设施用电价格参照港口岸电价格政策执行。

6.4　保安电源

工业用电的保安电源不得用于日常生产用电，不论容量大小，均不执行峰谷分时电价。

某路供电电源的电源性质为“保安电源”，则与此供电电源同一“线路台区名称”下的所有计量点的“是否执行峰谷”档案应为“否”，计量点的电价为“普通工业”、与计量点同一“线路台区名称”的供电电源的“供电容量”小于 100kVA，则此计量点的“是否执行峰谷”档案应为“否”。

6.5 污水处理

计量点的电价为“大工业”或“普通工业”、行业分类为“电力、热力、燃气及水的生产和供应业”这一级行业下的二三四级行业：“水的生产和供应业”下的三四级行业，则此计量点的“是否执行峰谷”档案字段，用户自愿选择是否执行峰谷分时电价或平段电价。

根据《关于转发国家发展改革委财政部 住房和城乡建设部 生态环境部 水利部关于完善长江经济带污水处理收费有关政策的指导意见的通知》（苏发改价格发〔2020〕1097号）规定，对我省污水处理厂免收电价容（需）量费，污水处理厂可根据实际用电情况自愿选择执行峰谷分时电价或平段电价。

6.6 非公用事业（污）水厂

用户现场实际为非城市公用事业类的水厂或非城市公用事业类的污水处理厂。计量点的电价为“大工业”或“普通工业”、与计量点同一“线路台区名称”的供电电源的电源性质不为“保安电源”且供电容量大于等于100kVA、行业分类为“电力、热力、燃气及水的生产和供应业”这一级行业下的二三四级行业：“水的生产和供应业”下的三四级行业，则此计量点的“是否执行峰谷”档案应为“是”。

6.7 工业用电

用户现场实际为工业用电（不包括公用电厂的下网电量用电、城市公用事业的自来水厂、城市公用事业的污水处理厂、物价部门发文认证的监狱下属工厂企业）。计量点的电价为“大工业”或“大工业电子计算中心电价”或“普通工业”，与计量点同一“线路台区名称”的供电电源的电源性质不为“保安电源”且供电容量大于等于100kVA，则此计量点的“是否执行峰谷”档案应为“是”。

6.8 电力蓄能

用户现场实际为电力蓄能装置用电。计量点的电价为“蓄冰制冷类电价”或“热水热泵类电价”，则此计量点的“是否执行峰谷”档案应为“是”。

①电力蓄能技术装置是指整台或整组容量在50kW及以上且具备计量条件的电热锅炉、蓄冷（冰、水）空调；②对居民小区集中供冷供暖系统以及高校学生公寓生活用电的电力蓄能技术装置，执行居民生活电价，按平谷二段制执行分时电价；③对宾馆、饭

店、商场、办公楼（写字楼）、医院等电力客户的电力蓄能技术装置，执行非普工业二段制分时电价。对用于大工业生产车间用电的电力蓄能技术装置，执行大工业峰谷分时电价；对大工业用电范围内除生产车间用电以外的电力蓄能技术装置，执行二段制非普工业分时电价；④达到本条第 1 款容量、计量要求的热水热泵机组，除用于居民生活类用电执行二段制分时电价外，用于其他用电一律执行峰平谷三段制分时电价。

各级投资主管部门核准（或备案）后接入电网的核电、火电、抽水蓄能、可再生能源以及资源综合利用等公用发电企业，因启动调试、检修等自身原因向电网购买的电量，不执行峰谷分时电价。

6.9　居民合表类电价的充电设施用电

《省物价局关于完善我省电动汽车充换电设施用电价格有关问题的通知》（苏价工〔2017〕183 号）规定：居民家庭住宅、居民住宅小区、执行居民电价的非居民用户中设置的充电设施用电，均执行居民用电价格中的合表用户电价，并执行峰谷分时电价。

用户现场实际为居民合表类的充电设施用电。计量点的电价为“（电动汽车）城镇居民合表”或“（综合变）（电动汽车）乡村居民合表”或“（电动汽车）执行居民合表电价的非居民”或“（综合变）（电动汽车）执行居民合表电价的非居民”，则此计量点的“是否执行峰谷”档案应为“是”。

6.10　经营性集中式充电设施用电

《省物价局关于完善我省电动汽车充换电设施用电价格有关问题的通知》（苏价工〔2017〕183 号）规定：对向电网经营企业直接报装接电的经营性集中式充电设施用电，执行大工业用电价格。经营企业可选择执行峰谷分时电价政策，选定后在 12 个月之内应保持不变。

用户现场实际为经营性集中式充电设施用电。计量点的电价为“（电动汽车）非工业”，则此计量点的“是否执行峰谷”档案由用户申请选择“是”或“否”，选定后在 12 个月之内应保持不变。

6.11　居民用户

用户现场实际为一户一表居民用电。计量点的电价为“城镇居民照明”或“农村居民照明”，则此计量点的“是否执行峰谷”档案由用户申请选择“是”或“否”，选定后在 12 个月之内应保持不变。

6.12 所用变压器

用户所用变压器按该户用电类别执行相应电价，纳入供用电合同约定容量。大工业用户所用变压器执行大工业电价。

计量点现场实际为所用变压器用电。计量点的“是否执行峰谷”档案应与计量点同一“线路台区名称”的顶级主计量点的“是否执行峰谷”档案一致。

6.13 监狱工厂

用户现场实际为监狱下属工厂企业，且在上文所列物价部门发文认证的名单中。计量点的电价为“普通工业”或“大工业”，则此计量点的“是否执行峰谷”档案应为“否”。并建议将用户属于监狱下属工厂企业的情况及配套发文，在计量点的“计量点地址”档案中备注清楚。

同意以下监狱单位暂不执行分时电价：洪泽农场（泗洪）、大中农场（大丰）、五图河农场（灌云）、芙蓉茶场（宜兴）、金河机床附件厂（南京）、社渚农场（溧阳）、竹箦机械厂（金坛）、第四机床厂（南京）、建华机床厂（无锡）、南通新生织布厂（南通）、新新工厂（镇江）、新华机床厂（苏州）、锻压机床厂（徐州）、一少（句容）、环本农场（通州）。

同意以下监狱单位暂不执行峰谷分时电价：南京监狱（南京）、南京女子监狱（南京）、浦口监狱（南京）、龙潭监狱除水泥厂、铸钢厂以外的生产单位（南京）、高淳监狱除水泥厂、铸造厂以外的生产单位（南京）、金陵监狱除水泥厂以外的生产单位（南京）、江宁监狱除水泥厂以外的生产单位（南京）、丁山监狱除水泥厂以外的生产单位（宜兴）、宜兴监狱除特钢厂以外的生产单位（宜兴）、常州监狱除水泥厂以外的生产单位（常州）、句容监狱除水泥厂以外的生产单位（句容）、彭城监狱除水泥厂以外的生产单位（徐州）、徐州监狱（徐州）、苏州监狱（苏州）、无锡监狱（无锡）、镇江监狱（镇江）、溧阳监狱（溧阳）、南通监狱（南通）、通州监狱（通州）、洪泽湖监狱（泗洪）、盐城监狱（大丰）、灌云监狱（灌云）、省未成年犯管教所（句容）、省第二未成年犯管教所（句容）。

第7章 功率因数标准

7.1 次级计量点的考核标准

【建档要求】计量点的计量点级数为“次级”。

（1）档案标签：非力调类电价。

计量点的电价为“城镇居民照明”或“农村居民照明”或“城镇居民照明合表户”或“居民小区公用动力”或“居民小区公用照明”或“大工业公用电厂下网”或“（电动汽车）城镇居民合表”或“分布式光伏发电补贴电价”或“燃煤机组脱硫标杆上网电价”或“分布式光伏发电补贴电价（新）”或“转供零电价”，以上电价均包括同类别的蓄冰制冷和热水热泵电价及综合变压器以下电价，则此计量点的“功率因数标准”档案应为“不考核”。

（2）档案标签：与母计量点一致。

计量点的电价不为“城镇居民照明”、且不为“农村居民照明”、且不为“城镇居民照明合表户”、且不为“居民小区公用动力”、且不为“居民小区公用照明”、且不为“大工业公用电厂下网”、且不为“（电动汽车）城镇居民合表”、且不为“分布式光伏发电补贴电价”、且不为“燃煤机组脱硫标杆上网电价”、且不为“分布式光伏发电补贴电价（新）”、且不为“转供零电价”，以上电价均包括同类别的蓄冰制冷和热水热泵电价及综合变以下电价，则此计量点的“功率因数标准”档案应与此计量点同一“线路台区名称”并存在计费关系的顶级计量点的“功率因数标准”档案一致。

7.2 所用变计量点的考核标准

【建档要求】计量点现场实际为所用变用电。计量点的“功率因数标准”档案应与计量点同一“线路台区名称”的顶级主计量点的“功率因数标准”档案一致。

7.3 计量点的考核标准为不考核

【建档要求】计量点的计量点级数为“顶级”。

1）档案标签：公用电厂。

用户现场实际为公用电厂的下网电量用电。计量点的电价为“大工业”或“大工业公用电厂下网”，行业分类为“电力、热力、燃气及水的生产和供应业”这一级行业下的二三四级行业（不包括“水的生产和供应业”下的三四级行业、“燃气生产和供应业”），则此计量点的“功率因数标准”档案应为“不考核”。

2）档案标签：市政路灯。

用户现场实际为市政管理的城市亮化路灯用电，计量点的电价为“其他照明城镇路灯照明”且包括同类别的综合变以下电价，行业分类为“水利、环境和公共设施管理业”这一级行业下的二三四级行业：“市政设施管理”“公共照明”“城乡市容管理”“城市公园管理”，则此计量点的“功率因数标准”档案应为“考核”。

3）档案标签：保安电。

某路供电电源的电源性质为“保安电源”，则与此供电电源同一“线路台区名称”下的所有计量点的“功率因数标准”档案应为“不考核”。

4）档案标签：临时用电。

用户现场实际为临时用电用户。临时用电标志为“装表临时用电”或“无表临时用电”，则此用户下的所有计量点的“功率因数标准”档案应为“不考核”。

5）与计量点同一“线路台区名称”的供电电源的“供电容量”小于100kVA，则此计量点的“功率因数标准”档案应为“不考核”。

6）档案标签：非力调类电价。

用户现场实际为居民用电、或居民合表户用电、或居民小区用电、或公用电厂下网电量、或居民住宅（小区）的充电设施用电、分布式光伏发电及上网电量、或关口台区电量、或以上各类别的电力蓄能装置用电及综合变以下用电。计量点的电价为“城镇居民照明”或“农村居民照明”或“城镇居民照明合表户”或“居民小区公用动力”或“居民小区公用照明”或“大工业公用电厂下网”或“（电动汽车）城镇居民合表”或“分布式光伏发电补贴电价”或“燃煤机组脱硫标杆上网电价”或“分布式光伏发电补贴电价（新）”或“转供零电价”，以上电价均包括同类别的蓄冰制冷和热水热泵电价及综合变以下电价，则此计量点的“功率因数标准”档案应为“不考核”。

7.4　计量点的考核标准为0.8

【建档要求】计量点的计量点级数为“顶级”、临时用电标志为“非临时用电”、与计量点同一“线路台区名称”的供电电源的电源性质不为“保安电源”且“供电容量”大于等于100kVA、与计量点同一“线路台区名称”的受电设备中不存在“设备型号”中带“Z”字母的非拆除状态受电设备。

1）用户现场实际属于农业类用电，功率因数考核方式为“按标准考核”、计量点的电价为“农业生产用电”或“农业生产排灌”或“农业生产抗灾救灾”或“农业生产省属外大型翻水”或“农产品初加工”则此计量点的“功率因数标准”档案应为“考核标准 0.8”。

2）档案标签：只罚不奖。

用户现场实际属于物价部门发文认证的“只罚不奖”用户。功率因数考核方式为“只罚不奖”、计量点的电价为“大工业岸电电价”或“非工业”或“农村饮水安全工程”或“其他照明”或“大中专、中小学等”或“敬老院、医院等”或“商业非居民照明”或“工商业（两部制）”或“城市社区服务设施”或“宗教组织等”或“（电动汽车）工商业”或“（电动汽车）非工业”或“（电动汽车）执行居民合表电价的非居民”或“低压普通工业”，以上电价均包括同类别的蓄冰制冷和热水热泵电价及综合变以下电价，则此计量点的“功率因数标准”档案应为“考核标准 0.8”。

3）档案标签：只罚不奖。

用户现场实际属于物价部门发文认证的“只罚不奖”用户，功率因数考核方式为“只罚不奖”、计量点的电价为“高压普通工业”并包括同类别的蓄冰制冷和热水热泵电价、与此计量点同一“线路台区名称”的供电电源的“供电容量”大于等于 100kVA 并小于等于 160kVA，则此计量点的“功率因数标准”档案应为“考核标准 0.8”。

7.5　顶级计量点的考核标准为 0.9

【建档要求】计量点的计量点级数为“顶级”、临时用电标志为“非临时用电”、与计量点同一“线路台区名称”的供电电源的电源性质不为“保安电源”且“供电容量”大于等于 100kVA、功率因数考核方式为“按标准考核”。

1）档案标签：大型电力排灌站。用户现场实际为电力排灌站用电。计量点的电价为“高压非工业”并包括同类别的蓄冰制冷和热水热泵电价及综合变以下电价、与此计量点同一“线路台区名称”的供电电源的“供电容量”大于等于 3200kVA、行业分类为“排灌”，则此计量点的“功率因数标准”档案应为“考核标准 0.9”。

2）档案标签：负载调压变压器。用户现场实际存在负载调压的非拆除状态受电设备。计量点的电价不为“城镇居民照明”、且不为“农村居民照明”、且不为“城镇居民照明合表户”、且不为“居民小区公用动力”、且不为“居民小区公用照明”、且不为“大工业公用电厂下网”、且不为“（电动汽车）城镇居民合表”、且不为“分布式光伏发电补贴电价”、且不为“燃煤机组脱硫标杆上网电价”、且不为“分布式光伏发电补贴电价（新）”、且不为“转供零电价”，以上电价均包括同类别的蓄冰制冷和热水热泵电价及综合变以下电价，与计量点同一“线路台区名称”的受电设备中存在“设备型号”中带“Z”字母的非拆除状态受电设备，则此计量点的“功率因数标准”档案应为“考核标准 0.9”。

3）档案标签：高压工业。用户现场实际为高压工业用电。计量点的电价为“大工业”或“大工业电子计算中心电价”或“（电铁）大工业”或“高压普通工业”，以上电价均包括同类别的蓄冰制冷和热水热泵电价及综合变以下电价，行业分类不为“电力、热力、燃气及水的生产和供应业”这一级行业下的二三四级行业（不包括“水的生产和供应业”下的三四级行业、“燃气生产和供应业”），与计量点同一“线路台区名称”的供电电源的“供电容量”大于160kVA，则此计量点的“功率因数标准”档案应为“考核标准0.9”。

7.6 计量点的考核标准为0.85

【建档要求】计量点的计量点级数为“顶级”、临时用电标志为“非临时用电”、与计量点同一“线路台区名称”的供电电源的电源性质不为“保安电源”且“供电容量”大于等于100kVA、与计量点同一“线路台区名称”的受电设备中不存在“设备型号”中带“Z”字母的非拆除状态受电设备。

1）用户现场实际为高压工业用电。功率因数考核方式为“按标准考核”、计量点的电价为“高压普通工业”并包括同类别的蓄冰制冷和热水热泵电价，行业分类不为“电力、热力、燃气及水的生产和供应业”这一级行业下的二三四级行业（不包括“水的生产和供应业”下的三四级行业、“燃气生产和供应业”），与此计量点同一“线路台区名称”的供电电源的“供电容量”大于等于100kVA且小于等于160kVA，则此计量点的“功率因数标准”档案应为“考核标准0.85”。

2）档案标签：只罚不奖。

用户现场实际属于物价部门发文认证的“只罚不奖”用户。功率因数考核方式为“只罚不奖”、计量点的电价为“大工业”或“大工业电子计算中心电价”或“（电铁）大工业”或“高压普通工业”，以上电价均包括同类别的蓄冰制冷和热水热泵电价，行业分类不为“电力、热力、燃气及水的生产和供应业”这一级行业下的二三四级行业（不包括“水的生产和供应业”下的三四级行业、“燃气生产和供应业”），与计量点同一“线路台区名称”的供电电源的“供电容量”大于160kVA，则此计量点的“功率因数标准”档案应为“考核标准0.85”。

3）用户现场实际为港口船舶岸基供电设施用电、或非工业用电、或农村饮水供水工程的生产性用电、或照明用电、或学校用电、或敬老院用电、或医院用电、或商业用电、或社区服务设施用电、或宗教组织用电、或党政机关及事业单位和社会公共停车场中的充电设施用电、或经营性集中式充电设施用电、或执行居民合表类电价的非居民充电设施用电、或低压普通工业用电、或以上各类别的电力蓄能装置用电及综合变以下用电。功率因数考核方式为“按标准考核”、计量点的电价为“大工业岸电电价”或“非工业”或“农村饮水安全工程”或“其他照明”或“大中专、中小学等”或“敬老院、医院等”或“商业非居民照明”或“工商业（两部制）”或“城市社区服务设施”或“宗教组织等”或“（电动汽车）工商业”或“（电动汽车）非工业”或“（电动汽车）执行居民合表电价的非居民”或“低压普通工业”，以上电价均包括同类别的蓄冰制冷和热水热泵电价及综合变以下电价，则此计量点的“功率因数标准”档案应为“考核标准 0.85”。

第 8 章 电价汇总

8.1 电价电压

【建档要求】计量点“电价”对应的“电压等级”应与此计量点同一“线路台区名称”的供电电源的“供电电压”一致。当与此计量点同一“线路台区名称”的供电电源的“供电电压”高于“电价”目录中应选电价的“电压等级”时，则应选择最高电压等级的“电价”。例如电价目录中，“非工业电价”存在的最高电压等级电价为“≥ 35kV”，不存在 110kV 和 220kV 版本的电价。若供电电源的供电电压为 110kV 或 220kV 时，则“电价”应选择为“≥ 35kV”的“非工业电价”。

8.2 所用变压器计量点的电价

【政策要求】用户所用变压器按该户用电类别执行相应电价，纳入供用电合同约定容量。大工业用户所用变压器执行大工业电价。

【建档要求】计量点现场实际为所用变压器用电。计量点的“电价”档案应与计量点同一“线路台区名称”的最大“综合倍率”的顶级计量点的“电价”档案一致。

8.3 大工业电价

【政策要求】

1）《省物价局关于印发江苏省电网销售电价分类适用范围说明的通知》（苏价工〔2015〕334 号）规定：大工业用电：是指受电变压器（含不通过受电变压器的高压电动机）容量在 315kVA 及以上的下列用电：①以电为原动力，或以电冶炼、烘焙、熔焊、电解、电化、电热的工业生产用电；②航运、电车及石油（天然气、热力）加压站生产用电；③自来水、工业实验、电子计算中心、垃圾处理、污水处理生产用电；④农副产品加工业用电：是指直接以农、林、牧、渔产品为原料进行的谷物磨制、饲料加工、植物油和制糖加工、屠宰及肉类加工、水产品加工，以及蔬菜、水果、坚果等食品的加工用电。

2）各级投资主管部门核准（或备案）后接入电网的核电、火电、抽水蓄能、可再生能源以及资源综合利用等公用发电企业，因启动调试、检修等自身原因向电网购买的电量，执行大工业电度电价标准。

3）“西气东输”压气站压气用电是以电为原动力，根据用电类别性质并经请示国家价格主管部门同意，对“西气东输”压气站压气用电变压器容量在 315kVA 及以上的执行大工业用电价格，变压器容量在 315kVA 以下的执行工商业用电价格。

【建档要求】计量点的计量点级数为“顶级”、与计量点同一“线路台区名称”的供电电源的电源性质不为“保安电源”且供电电压“大于等于 10kV”且供电容量“大于等于 315kVA”。

1）档案标签：大工业。

用户现场实际为大工业用电。行业分类为“采矿业”这一级行业下的二三四级行业，或“制造业”这一级行业下的二三四级行业，则此计量点的“电价”档案应为“大工业电价”。

2）档案标签：公用电厂。

用户现场实际为公用电厂的下网电量用电。用户分类不为“考核”，用户状态不为“非统计客户”，计量点分类为“用电客户”，主用途类型为“售电侧结算”，与计量点同一“线路台区名称”的供电电源的供电电压“大于等于 10kV”，但电源性质不限、供电容量不限，行业分类为“电力、热力、燃气及水的生产和供应业”这一级行业下的二三四级行业（不包括“水的生产和供应业”下的三四级行业、“燃气生产和供应业”），则此计量点的“电价”档案应为“大工业电价”。

3）档案标签：农产品深加工或秸秆深加工。

用户现场实际为农副产品深加工用电或应用秸秆进行深加工生产程序用电（区别于初加工用电）。行业分类为“制造业”这一级行业下的二三四级行业：“农副食品加工业”下的三四级行业，则此计量点的“电价”档案应为“大工业电价”。

注意：用户现场实际若为农副产品深加工用电或应用秸秆进行深加工生产程序用电应执行工业电价，若为农业服务业中的农产品初加工用电或大批包装以提供初级市场的用电则应执行农产品初加工电价，若为对秸秆进行捡拾、切割、粉碎、拉捆、压块等工作程序的用电则应执行普通农业电价，若为农产品的保鲜、保温、冷藏、冷冻等用电则应执行非工业电价。可参照《省物价局关于印发江苏省电网销售电价分类适用范围说明的通知》（苏价工〔2015〕334 号）具体要求，结合用户现场实际情况选择此计量点电价和行业分类。

4）档案标签：压气站。

用户现场实际为西气东输压气站压气用电。行业分类为“电力、热力、燃气及水的生产和供应业”这一级行业下的二三四级行业：“燃气生产和供应业”，则此计量点的“电价”档案应为“大工业电价”。

注意：用户现场实际若为西气东输压气站压气用电则应执行工业电价，若为普通燃气供应用电或西气东输管道运输用电则应执行非工业电价，结合用户现场实际情况选择此计量点电价和行业分类。

5）档案标签：加压站。

用户现场实际为石油天然气热力的加压站生产用电。行业分类为“采矿业”这一级行业下的二三四级行业：“与石油和天然气开采有关的服务活动”，或“电力、热力、燃气及水的生产和供应业”这一级行业下的二三四级行业：“燃气生产和供应业”“热力生产和供应”，则此计量点的“电价”档案应为“大工业电价”。

注意：用户现场实际若为石油天然气热力的加压站生产用电则应执行工业电价，若为普通燃气供应用电或西气东输管道运输用电或石油天然气热力管道运输用电则应执行非工业电价。可参照《省物价局关于印发江苏省电网销售电价分类适用范围说明的通知》（苏价工〔2015〕334号）具体要求，结合用户现场实际情况选择此计量点电价和行业分类。

6）档案标签：有轨电车。

用户现场实际为有轨电车用电（目前江苏范围内还没有此类用电）。行业分类为“交通运输、仓储和邮政业”这一级行业下的二三四级行业：“城市公共交通运输”，则此计量点的“电价”档案应为“大工业电价”。

注意：用户现场实际若为有轨电车用电则应执行工业电价，若为其他城市公共交通运输用电则应执行非工业电价。可参照《省物价局关于印发江苏省电网销售电价分类适用范围说明的通知》（苏价工〔2015〕334号）具体要求，结合用户现场实际情况选择此计量点电价和行业分类。

7）档案标签：电气化航运。

用户现场实际为电气化航运用电（目前江苏范围内还没有此类用电）。行业分类为“交通运输、仓储和邮政业”这一级行业下的二三四级行业：“水上旅客运输”“水上货物运输”，则此计量点的“电价”档案应为“大工业电价”。

注意：用户现场实际若为电气化航运用电则应执行工业电价，若为其他水上运输用电则应执行非工业电价。可参照《省物价局关于印发江苏省电网销售电价分类适用范围说明的通知》（苏价工〔2015〕334号）具体要求，结合用户现场实际情况选择此计量点电价和行业分类。

8）档案标签：垃圾处理。

用户现场实际为垃圾处理用电。行业分类为“水利、环境和公共设施管理业”这一级行业下的二三四级行业："环境治理业"，则此计量点的"电价"档案应为"大工业电价"。

注意： 用户现场实际若为垃圾处理用电则应执行工业电价，若为畜禽污染防治处理设施用电则应执行农业电价，若为其他环境治理用电应执行非工业电价。可参照《省物价局关于印发江苏省电网销售电价分类适用范围说明的通知》（苏价工〔2015〕334 号）具体要求，结合用户现场实际情况选择此计量点电价和行业分类。

9）档案标签：（污）水厂。

用户现场实际为自来水生产和供应用电或污水处理及其再生利用用电。行业分类为"电力、热力、燃气及水的生产和供应业"这一级行业下的二三四级行业："水的生产和供应业"下的三四级行业，则此计量点的"电价"档案应为"大工业电价"。

注意： 用户现场实际若为自来水生产和供应用电或污水处理及其再生利用用电则应执行工业电价，若属于物价部门发文认证的，为农村饮水供水工程的生产性用电则应执行农村饮水安全工程电价，为农村饮水供水工程的办公、生活等照明用电则应执行工商业电价，若属于未经物价部门发文认证的农村饮水供水工程的所有用电则应执行工商业电价。可参照《省物价局关于印发江苏省电网销售电价分类适用范围说明的通知》（苏价工〔2015〕334 号）具体要求，结合用户现场实际情况选择此计量点电价和行业分类。

10）档案标签：次级计量点。

计量点的计量点级数为"次级"，除了差别电价次级计量点外，此计量点的"电价"档案原则上应不为"大工业电价"。若此计量点确应执行此类电价，且与此计量点同一"线路台区名称"并存在计费关系的顶级计量点的"电价"也为此类电价，则建议将此次级计量点拆表或删除。

11）档案标签：次级计量点。

计量点的计量点级数为"次级"、电价若为"（蓄冰制冷）大工业"，则与此计量点同一"线路台区名称"并存在计费关系的顶级计量点的"电价"必须为"大工业电价"。

8.4 公用电厂下网电价

【政策要求】各级投资主管部门核准（或备案）后接入电网的核电、火电、抽水蓄能、可再生能源以及资源综合利用等公用发电企业，因启动调试、检修等自身原因向电网购买的电量，执行大工业电度电价标准。

【建档要求】

1）用户现场实际为公用电厂的下网电量用电。用户分类不为"考核"，用户状态不为“非统计客户”，计量点分类为“用电客户”，主用途类型为“售电侧结算”，计量点的计量点级数为“顶级”，与计量点同一“线路台区名称”的供电电源的供电电压“小于10kV”，但电源性质不限、供电容量不限，行业分类为“电力、热力、燃气及水的生产和供应业”这一级行业下的二三四级行业（不包括“水的生产和供应业”下的三四级行业、“燃气生产和供应业”），则此计量点的“电价”档案应为“大工业公用电厂下网电价”。

2）计量点的计量点级数为“次级”，则此计量点的“电价”档案应不为“大工业公用电厂下网电价”。若此计量点确应执行此类电价，且与此计量点同一“线路台区名称”并存在计费关系的顶级计量点的“电价”也为此类电价，则建议将此次级计量点拆表或删除。

8.5 岸电电价

【政策要求】

1）《关于明确船舶岸基供电设施用电价格和服务价格的通知》（苏价工〔2015〕248号）规定：“对港口船舶岸基供电设施用电应单独装表计量，2020年前，用电价格按江苏省电网销售电价表中大工业用电相应电压等级的电度电价执行（电压等级不满1kV的，参照1～10kV电度电价水平执行）。”

2）《江苏省物价局关于创新和完善促进绿色发展价格机制的实施意见》（苏价综〔2018〕110号）规定：“鼓励用户错峰用电将电动汽车集中式充换电设施用电、港口岸电运营商用电免收需量（容量）电费的政策延期至2025年底。”

【建档要求】

1）用户现场实际为港口船舶岸基供电设施用电。计量点的计量点级数为“顶级”、电量计算方式为“实抄（装表计量）”，与此计量点同一“线路台区名称”的供电电源的电源性质不为“保安电源”，行业分类为“交通运输、仓储和邮政业”这一级行业下的二三四级行业：“港口岸电”，则此计量点的“电价”档案在2020年前应为“大工业岸电电价”，2020年后按物价部门最新发文执行。

2）计量点的计量点级数为“次级”，电量计算方式为“实抄（装表计量）”，与此计量点同一“线路台区名称”的供电电源的电源性质不为“保安电源”，电价若为“大工业岸电电价”，则计量点现场实际应为港口船舶岸基供电设施用电。

3）计量点的“电价”档案为“大工业岸电电价”，与此计量点同一“线路台区名称”的供电电源的供电电压为“小于10kV”，则此计量点的电价电压等级应为“10kV”。

4）计量点现场实际不为单独装表计量，计量点的电量计算方式不为“实抄（装表计量）”，则此计量点的“电价”档案应不为“大工业岸电电价”。

8.6 电气化铁路电价

【政策要求】

1）《关于电气化铁路配套供电工程有关电价问题的通知》（发改价格〔2011〕1002 号）规定：“电铁用电执行两部制电价。”

2）电铁牵引电量应按规定执行两部制电价、功率因数考核、高可靠等基本的电价制度，不应与其他大工业用户区别对待。

【建档要求】

1）用户现场实际为电气化铁路用电。计量点的计量点级数为“顶级”，与此计量点同一“线路台区名称”的供电电源的电源性质不为“保安电源”，且供电电压“大于等于 10kV”，供电容量“大于等于 315kVA”，行业分类为“交通运输、仓储和邮政业”这一级行业下的二三四级行业：“电气化铁路”，则此计量点的“电价”档案应为“（电铁）大工业电价”。

2）计量点的计量点级数为“次级”，则此计量点的“电价”档案应不为“（电铁）大工业电价”。若此计量点确应执行此类电价，且与此计量点同一“线路台区名称”并存在计费关系的顶级计量点的“电价”也为此类电价，则建议将此次级计量点拆表或删除。

8.7 普通工业电价

【政策要求】

1）《省物价局关于印发江苏省电网销售电价分类适用范围说明的通知》（苏价工〔2015〕334 号）规定：普通工业用电：是指受电变压器（含不通过受电变压器的高压电动机）容量在 315kVA 以下的下列用电：①以电为原动力，或以电冶炼、烘焙、熔焊、电解、电化、电热的工业生产用电；②航运、电车及石油（天然气、热力）加压站生产用电；③自来水、工业实验、电子计算中心、垃圾处理、污水处理生产用电；④农副产品加工业用电：是指直接以农、林、牧、渔产品为原料进行的谷物磨制、饲料加工、植物油和制糖加工、屠宰及肉类加工、水产品加工，以及蔬菜、水果、坚果等食品的加工用电。

2）工业用电的保安电源不得用于日常生产用电，不论容量大小，均执行工商业及其他用电电价，不参与功率因数调整电费，不执行峰谷分时电价。企业自备电厂保安电源不计入约定系统备用容量。

3）《省发展改革委转发〈国家发展改革委关于第三监管周期省级电网输配电价及有关事项的通知〉的通知》（苏发改价格发〔2023〕552 号）规定：“工商业用户的保安电

源用电，按用户基本电费执行方式（单一制或两部制）执行对应电度电价标准，执行两部制电价的保安电源用电负荷正常计收基本电费。保安电源分时电价政策执行标准不变。”

【建档要求】

1）档案标签：普通工业。

用户现场实际为普通工业用电。计量点的计量点级数为“顶级”、与计量点同一“线路台区名称”的供电电源的电源性质不为“保安电源”，且供电容量“小于315kVA”，行业分类为“采矿业”这一级行业下的二三四级行业，或“制造业”这一级行业下的二三四级行业，则此计量点的“电价”档案应为“普通工业电价”且包括同类别的综合变以下电价。

2）档案标签：农产品深加工或秸秆深加工。

用户现场实际为农副产品深加工用电或应用秸秆进行深加工生产程序用电（区别于初加工用电）。计量点的计量点级数为“顶级”、与计量点同一“线路台区名称”的供电电源的电源性质不为“保安电源”且供电容量“小于315kVA”，行业分类为“制造业”这一级行业下的二三四级行业：“农副食品加工业”下的三四级行业，则此计量点的“电价”档案应为“普通工业电价”且包括同类别的综合变以下电价。

注意：用户现场实际若为农副产品深加工用电或应用秸秆进行深加工生产程序用电应执行工业电价，若为农业服务业中的农产品初加工用电或大批包装以提供初级市场的用电则应执行农产品初加工电价，若为对秸秆进行捡拾、切割、粉碎、拉捆、压块等工作程序的用电则应执行普通农业电价，若为农产品的保鲜、保温、冷藏、冷冻等用电则应执行非工业电价。可参照《省物价局关于印发江苏省电网销售电价分类适用范围说明的通知》（苏价工〔2015〕334号）具体要求，结合用户现场实际情况选择此计量点电价和行业分类。

3）档案标签：压气站。

用户现场实际为西气东输压气站压气用电。计量点的计量点级数为“顶级”、与计量点同一“线路台区名称”的供电电源的电源性质不为“保安电源”且供电容量“小于315kVA”，行业分类为“电力、热力、燃气及水的生产和供应业”这一级行业下的二三四级行业：“燃气生产和供应业”，则此计量点的“电价”档案应为“普通工业电价”且包括同类别的综合变以下电价。

注意：用户现场实际若为西气东输压气站压气用电则应执行工业电价，若为普通燃气供应用电或西气东输管道运输用电则应执行非工业电价。可结合用户现场实际情况选择此计量点电价和行业分类。

4）档案标签：加压站。

用户现场实际为石油天然气热力的加压站生产用电。计量点的计量点级数为“顶级”、与计量点同一“线路台区名称”的供电电源的电源性质不为“保安电源”且供电容量“小于 315kVA”，行业分类为“采矿业”这一级行业下的二三四级行业：“与石油和天然气开采有关的服务活动”、或“电力、热力、燃气及水的生产和供应业”这一级行业下的二三四级行业：“燃气生产和供应业”“热力生产和供应”，则此计量点的“电价”档案应为“普通工业电价”且包括同类别的综合变以下电价。

注意：用户现场实际若为石油天然气热力的加压站生产用电则应执行工业电价，若为普通燃气供应用电或西气东输管道运输用电或石油天然气热力管道运输用电则应执行非工业电价。可参照《省物价局关于印发江苏省电网销售电价分类适用范围说明的通知》（苏价工〔2015〕334 号）具体要求，结合用户现场实际情况选择此计量点电价和行业分类。

5）档案标签：有轨电车。

用户现场实际为有轨电车用电（目前江苏范围内还没有此类用电）。计量点的计量点级数为“顶级”、与计量点同一“线路台区名称”的供电电源的电源性质不为“保安电源”且供电容量“小于 315kVA”，行业分类为“交通运输、仓储和邮政业”这一级行业下的二三四级行业：“城市公共交通运输”，则此计量点的“电价”档案应为“普通工业电价”且包括同类别的综合变以下电价。

注意：用户现场实际若为有轨电车用电则应执行工业电价，若为其他城市公共交通运输用电则应执行非工业电价。可参照《省物价局关于印发江苏省电网销售电价分类适用范围说明的通知》（苏价工〔2015〕334 号）具体要求，结合用户现场实际情况选择此计量点电价和行业分类。

6）档案标签：电气化航运。

用户现场实际为电气化航运用电（目前江苏范围内还没有此类用电）。计量点的计量点级数为“顶级”、与计量点同一“线路台区名称”的供电电源的电源性质不为“保安电源”且供电容量“小于 315kVA”，行业分类为“交通运输、仓储和邮政业”这一级行业下的二三四级行业：“水上旅客运输”“水上货物运输”，则此计量点的“电价”档案应为“普通工业电价”且包括同类别的综合变以下电价。

注意：用户现场实际若为电气化航运用电则应执行工业电价，若为其他水上运输用电则应执行非工业电价。可参照《省物价局关于印发江苏省电网销售电价分类适用范围说明的通知》（苏价工〔2015〕334 号）具体要求，结合用户现场实际情况选择此计量点电价和行业分类。

7）档案标签：垃圾处理。

用户现场实际为垃圾处理用电。计量点的计量点级数为“顶级”、与计量点同一“线路台区名称”的供电电源的电源性质不为“保安电源”且供电容量“小于315kVA”，行业分类为“水利、环境和公共设施管理业”这一级行业下的二三四级行业：“环境治理业”，则此计量点的“电价”档案应为“普通工业电价”且包括同类别的综合变以下电价。

注意：用户现场实际若为垃圾处理用电则应执行工业电价，若为畜禽污染防治处理设施用电则应执行农业电价，若为其他环境治理用电应执行非工业电价。可参照《省物价局关于印发江苏省电网销售电价分类适用范围说明的通知》（苏价工〔2015〕334号）具体要求，结合用户现场实际情况选择此计量点电价和行业分类。

8）档案标签：（污）水厂。

用户现场实际为自来水生产和供应用电或污水处理及其再生利用用电。计量点的计量点级数为“顶级”、与计量点同一“线路台区名称”的供电电源的电源性质不为“保安电源”且供电容量“小于315kVA”，行业分类为“电力、热力、燃气及水的生产和供应业”这一级行业下的二三四级行业：“水的生产和供应业”下的三四级行业，则此计量点的“电价”档案应为“普通工业电价”且包括同类别的综合变以下电价。

注意：用户现场实际若为自来水生产和供应用电或污水处理及其再生利用用电则应执行工业电价，若属于物价部门发文认证的，为农村饮水供水工程的生产性用电则应执行农村饮水安全工程电价，为农村饮水供水工程的办公、生活等照明用电则应执行工商业电价，若属于未经物价部门发文认证的农村饮水供水工程的所有用电则应执行工商业电价。可参照《苏价工〔2015〕334号》文具体要求，结合用户现场实际情况选择此计量点电价和行业分类。

9）档案标签：次级计量点。

计量点的计量点级数为“次级”，除了差别电价次级计量点外，此计量点的“电价”档案原则上应不为“普通工业电价”且包括同类别的综合变以下电价。若此计量点确应执行此类电价，且与此计量点同一“线路台区名称”并存在计费关系的顶级计量点的“电价”也为此类电价，则建议将此次级计量点拆表或删除。

10）档案标签：次级计量点。

计量点的计量点级数为“次级”、电价若为“（蓄冰制冷）普通工业电价”或“（热水热泵）普通工业电价”，则与此计量点同一“线路台区名称”并存在计费关系的顶级计量点的“电价”必须为“普通工业电价”。

8.8 电动汽车电价

【政策要求】

1）《省发展改革委关于进一步明确我省电动汽车充换电设施用电价格有关事项的通知》（苏发改价格发〔2023〕969 号）规定：①对居民住宅小区内设置的向电网企业直接报装的充换电设施（含公共充换电设施）用电和居民家庭住宅、执行居民电价的非居民用户中设置的向电网企业直接报装的充换电设施用电，执行居民用电价格中的合表用户电价，并执行分时电价，时段划分为：峰期 7：00–11：00、13：00–22：00，谷期 11：00–13：00、22：00–次日 7：00。峰、谷时段电价在合表用户电价基础上，高峰时段上浮 0.03 元 /kW · h，低谷时段下浮 0.17 元 /kW · h；②对向电网企业独立报装接电或具备独立受电点的集中式充换电设施用电，执行工商业两部制电价，其中：电压等级不满 1kV 的，参照 1～10（20）kV 工商业两部制电价水平执行，2030 年前，免收需量（容量）电费；③对党政机关、企事业单位和社会公共停车场等中设置的其他充换电设施用电，按其所在场所主体执行对应的工商业电价。

2）《省发展改革委关于进一步明确我省电动汽车充换电设施用电价格有关事项的通知》（苏发改价格发〔2023〕969 号）规定："电动汽车充换电设施用电，暂不执行季节性尖峰电价和深谷电价。"

3）对电动汽车充换电设施用电单独装表计量，确保准确执行所在类别的充换电用电电价。

【建档要求】

1）档案标签：独立报装集中式充电设施。

用户现场实际为独立报装集中式充电设施用电。计量点的计量点级数为"顶级"、电量计算方式为"实抄（装表计量）"，与此计量点同一"线路台区名称"的供电电源的电源性质不为"保安电源"，行业分类为"批发和零售业"这一级行业下的二三四级行业："充换电服务业"，则此计量点的"电价"档案应为"（两部制）大工业（电动汽车）电价"。

2）档案标签：居民家庭住宅充电设施。

用户现场实际为居民家庭住宅的充电设施用电。计量点的计量点级数为"顶级"、电量计算方式为"实抄（装表计量）"，与此计量点同一"线路台区名称"的供电电源的电源性质不为"保安电源"，行业分类为"批发和零售业"这一级行业下的二三四级行业："充换电服务业"，则此计量点的"电价"档案应为"（电动汽车）城镇居民合表电价"且包括同类别的综合变以下电价。

3）档案标签：居民住宅小区充电设施。

用户现场实际为居民住宅小区内设置的向电网企业直接报装的充换电设施（含公共

充换电设施)。计量点的计量点级数为“顶级”、电量计算方式为“实抄(装表计量)”,与此计量点同一“线路台区名称”的供电电源的电源性质不为“保安电源”,行业分类为“批发和零售业”这一级行业下的二三四级行业:“充换电服务业”,则此计量点的“电价”档案应为“(电动汽车)居民住宅小区公共充电设施合表电价”且包括同类别的综合变以下电价。

4)档案标签:居民合表类电价的非居民充电设施。

用户现场实际为执行居民合表类电价的非居民充电设施用电。计量点的计量点级数为“顶级”、电量计算方式为“实抄(装表计量)”,与此计量点同一“线路台区名称”的供电电源的电源性质不为“保安电源”,行业分类为“批发和零售业”这一级行业下的二三四级行业:“充换电服务业”,则此计量点的“电价”档案应为“(电动汽车)执行居民合表电价的非居民电价”且包括同类别的综合变以下电价。

5)档案标签:其他充电设施。

用户现场实际属于非上述4类的其他充电设施用电,则计量点的“电价”档案应按其所在场所执行相应的电价标准。

6)计量点的“电价”档案为“(电动汽车)非工业电价”,与此计量点同一“线路台区名称”的供电电源的供电电压为“小于10kV”,则此计量点的电价电压等级应为“10kV”。

7)计量点现场实际不为单独装表计量,计量点的电量计算方式不为“实抄(装表计量)”,则此计量点的“电价”档案应不为“电动汽车类电价”。

8)计量点现场实际为上述1)至5)类的充电设施用电。计量点的计量点级数为“次级”、电量计算方式为“实抄(装表计量)”、与此计量点同一“线路台区名称”的供电电源的电源性质不为“保安电源”,则此计量点的“电价”档案应为1)至5)类对应的“电动汽车类电价”。

8.9 电动自行车电价

【政策要求】《关于做好居民住宅小区电动自行车集中充电设施建设管理有关工作的通知》(苏发改〔2023〕822号)规定:“居民住宅小区的充电设施用电执行居民用电价格中的合表用户电价。”

【建档要求】/

8.10 城镇居民照明电价

【政策要求】

1)《省物价局关于印发江苏省电网销售电价分类适用范围说明的通知》(苏价工

〔2015〕334 号）规定：“居民生活用电中的城乡居民住宅用电：城乡居民住宅用电是指城乡居民家庭住宅，以及机关、部队、学校、企事业单位集体宿舍的生活用电，不包括以居民住宅为场地，进行餐饮、网吧、食品加工、商品零售、美容美发、仓储物流等生产经营活动的用电。”

2）《省物价局关于试行居民生活用电阶梯式电价的通知》（苏价工〔2012〕182 号）规定：“居民用户原则上以住宅为单位，一个房产证明对应的住宅为一‘户’。没有房产证明的，以供电企业为居民安装的电表为单位。”

【建档要求】

1）用户现场实际为城镇居民生活用电（不包括以居民住宅为场地进行生产经营活动的用电）。计量点的计量点级数为“顶级”，合表低保五保标志不为“合表户”，行业分类为“城乡居民生活用电合计”这一级行业下的二三四级行业：“城镇居民”，则此计量点的“电价”档案应为“城镇居民照明电价”。

注意：用户现场实际若为城镇居民生活用电则应执行居民电价，若为以居民住宅为场地进行生产经营活动的用电则应执行工商业电价。可参照《省物价局关于印发江苏省电网销售电价分类适用范围说明的通知》（苏价工〔2015〕334 号）具体要求，结合用户现场实际情况选择此计量点电价和行业分类。

2）计量点的计量点级数为“次级”，电价若为“城镇居民照明电价”，则计量点现场实际应为城镇居民用电（不包括以居民住宅为场地，进行生产经营活动的用电）。

8.11 农村居民照明电价

【政策要求】

1）《省物价局关于印发江苏省电网销售电价分类适用范围说明的通知》（苏价工〔2015〕334 号）规定：“居民生活用电中的城乡居民住宅用电：城乡居民住宅用电是指城乡居民家庭住宅，以及机关、部队、学校、企事业单位集体宿舍的生活用电，不包括以居民住宅为场地，进行餐饮、网吧、食品加工、商品零售、美容美发、仓储物流等生产经营活动的用电。”

2）《省物价局关于试行居民生活用电阶梯式电价的通知》（苏价工〔2012〕182 号）规定：“居民用户原则上以住宅为单位，一个房产证明对应的住宅为一‘户’。没有房产证明的，以供电企业为居民安装的电表为单位。”

【建档要求】

1）用户现场实际为农村居民生活用电（不包括以居民住宅为场地进行生产经营活动的用电）。计量点的计量点级数为“顶级”，合表低保五保标志不为“合表户”，行业分类为“城乡居民生活用电合计”这一级行业下的二三四级行业：“乡村居民”，则此计量点的“电价”档案应为“农村居民照明电价”。

注意：用户现场实际若为农村居民生活用电则应执行居民电价，若为以居民住宅为场地进行生产经营活动的用电则应执行工商业电价。可参照《省物价局关于印发江苏省电网销售电价分类适用范围说明的通知》（苏价工〔2015〕334号）具体要求，结合用户现场实际情况选择此计量点电价和行业分类。

2）计量点的计量点级数为“次级”，电价若为“农村居民照明电价”，则计量点现场实际应为农村居民用电（不包括以居民住宅为场地，进行生产经营活动的用电）。

8.12 城镇居民照明合表户电价

【政策要求】

1）《省物价局关于试行居民生活用电阶梯式电价的通知》（苏价工〔2012〕182号）规定：“居民用户原则上以住宅为单位，一个房产证明对应的住宅为一‘户’。没有房产证明的，以供电企业为居民安装的电表为单位。对明确不愿意进行‘一户一表’改造的合表用户和企事业单位暂无条件改造的下属合表用户，电价每度提高2分。”

2）《省物价局关于印发江苏省电网销售电价分类适用范围说明的通知》（苏价工〔2015〕334号）规定：“居民生活用电中的城乡居民住宅用电：城乡居民住宅用电是指城乡居民家庭住宅，以及机关、部队、学校、企事业单位集体宿舍的生活用电，不包括以居民住宅为场地，进行餐饮、网吧、食品加工、商品零售、美容美发、仓储物流等生产经营活动的用电。”

3）《省物价局关于印发江苏省电网销售电价分类适用范围说明的通知》（苏价工〔2015〕334号）规定：“居民生活用电中的监狱单位用电：主要是指监狱监房生活用电。包括监狱单位的警戒设施、执勤住房办公照明、监房生活照明、驻监狱武警部队生活照明等用电。”

4）《省物价局关于印发江苏省电网销售电价分类适用范围说明的通知》（苏价工〔2015〕334号）规定：“居民生活用电中的宗教场所生活用电：是指经县级及以上人民政府宗教事务部门登记的寺院、宫观、清真寺、教堂等宗教活动场所常住人员和外来暂住人员的生活用电，不包括举办宗教活动的场所以及供游客参观、购物、餐饮、住宿等经营性场所用电。”

【建档要求】

1）档案标签：城镇居民合表生活用电。

用户现场实际为城镇居民合表生活用电（不包括以居民住宅为场地进行生产经营活

动的用电）。计量点的计量点级数为“顶级”，合表低保五保标志为“合表户”，行业分类为“城乡居民生活用电合计”这一级行业下的二三四级行业：“城镇居民”，则此计量点的“电价”档案应为“城镇居民照明合表户电价”。

注意：用户现场实际若为城镇居民合表生活用电则应执行居民合表电价，若为以居民住宅为场地进行生产经营活动的用电则应执行工商业电价。可参照《省物价局关于印发江苏省电网销售电价分类适用范围说明的通知》（苏价工〔2015〕334 号）具体要求，结合用户现场实际情况选择此计量点电价和行业分类。

2）档案标签：监狱监房。

用户现场实际为监狱监房生活用电，不属于综合变以下供电用户。行业分类为“公共管理和社会组织、国际组织”这一级行业下的二三四级行业：“国家权力机构”“国家行政机构”“其他国家机构”，则此计量点的“电价”档案应为“城镇居民照明合表户电价”。

注意：用户现场实际若为监狱监房生活用电，包括监狱单位的警戒设施、执勤住房办公照明、监房生活照明、驻监狱武警部队生活照明等用电则应执行居民合表电价，若为监狱下属工厂企业应执行工业电价，若为非监狱的其他国家机构用电应执行工商业电价。可参照《省物价局关于印发江苏省电网销售电价分类适用范围说明的通知》（苏价工〔2015〕334 号）具体要求，结合用户现场实际情况选择此计量点电价和行业分类。

3）档案标签：宗教生活用电。

用户现场实际为宗教活动场所常住人员和外来暂住人员的生活用电（不包括举办宗教活动的场所以及经营性场所用电），不属于综合变以下供电用户。计量点的计量点级数为“顶级”，行业分类为“公共管理和社会组织、国际组织”这一级行业下的二三四级行业：“宗教组织”，此计量点的“电价”档案应为“城镇居民照明合表户电价”。

注意：用户现场实际若为宗教活动场所常住人员和外来暂住人员的生活用电则应执行居民合表电价，若为举办宗教活动的场所以及经营性场所用电则应执行工商业电价。可参照《省物价局关于印发江苏省电网销售电价分类适用范围说明的通知》（苏价工〔2015〕334 号）具体要求，结合用户现场实际情况选择此计量点电价和行业分类。

4）档案标签：次级计量点。

计量点的计量点级数为“次级”，电价若为“城镇居民照明合表户电价”，则计量点现场实际应为城镇居民合表用电（不包括以居民住宅为场地，进行生产经营活动的用电）或监狱监房生活用电或宗教活动场所常住人员和外来暂住人员的生活用电（不包括举办宗教活动的场所以及经营性场所用电）。

8.13 （综合变）农村居民照明合表户电价

【政策要求】

1）《省物价局关于试行居民生活用电阶梯式电价的通知》（苏价工〔2012〕182号）规定："居民用户原则上以住宅为单位，一个房产证明对应的住宅为一'户'。没有房产证明的，以供电企业为居民安装的电表为单位。对明确不愿意进行'一户一表'改造的合表用户和企事业单位暂无条件改造的下属合表用户，电价每度提高2分。"

2）《省物价局关于印发江苏省电网销售电价分类适用范围说明的通知》（苏价工〔2015〕334号）规定："居民生活用电中的城乡居民住宅用电：城乡居民住宅用电是指城乡居民家庭住宅，以及机关、部队、学校、企事业单位集体宿舍的生活用电，不包括以居民住宅为场地，进行餐饮、网吧、食品加工、商品零售、美容美发、仓储物流等生产经营活动的用电。"

3）《省物价局关于印发江苏省电网销售电价分类适用范围说明的通知》（苏价工〔2015〕334号）规定："居民生活用电中的监狱单位用电：主要是指监狱监房生活用电。包括监狱单位的警戒设施、执勤住房办公照明、监房生活照明、驻监狱武警部队生活照明等用电。"

4）《省物价局关于印发江苏省电网销售电价分类适用范围说明的通知》（苏价工〔2015〕334号）规定："居民生活用电中的宗教场所生活用电：是指经县级及以上人民政府宗教事务部门登记的寺院、宫观、清真寺、教堂等宗教活动场所常住人员和外来暂住人员的生活用电，不包括举办宗教活动的场所以及供游客参观、购物、餐饮、住宿等经营性场所用电。"

【建档要求】

1）档案标签：城镇居民合表生活用电。

用户现场实际为农村居民合表生活用电（不包括以居民住宅为场地，进行生产经营活动的用电）。计量点的计量点级数为"顶级"，合表低保五保标志为"合表户"，行业分类为"城乡居民生活用电合计"这一级行业下的二三四级行业："乡村居民"，则此计量点的"电价"档案应为"（综合变）农村居民照明合表户电价"。

注意：用户现场实际若为农村居民合表生活用电则应执行居民合表电价，若为以居民住宅为场地进行生产经营活动的用电则应执行工商业电价。可参照《省物价局关于印发江苏省电网销售电价分类适用范围说明的通知》（苏价工〔2015〕334号）具体要求，结合用户现场实际情况选择此计量点电价和行业分类。

2）档案标签：监狱监房。

用户现场实际为监狱监房生活用电，属于综合变以下供电用户。行业分类为"公共管理和社会组织、国际组织”这一级行业下的二三四级行业：“国家权力机构”“国家行政机构”、“其他国家机构”，则应存在“电价”档案应为“（综合变）农村居民照明合表户电价”。

注意：用户现场实际若为监狱监房生活用电，包括监狱单位的警戒设施、执勤住房办公照明、监房生活照明、驻监狱武警部队生活照明等用电则应执行居民合表电价，若为监狱下属工厂企业应执行工业电价，若为非监狱的其他国家机构用电应执行工商业电价。可参照《省物价局关于印发江苏省电网销售电价分类适用范围说明的通知》（苏价工〔2015〕334 号）具体要求，结合用户现场实际情况选择此计量点电价和行业分类。

3）档案标签：宗教生活用电。

用户现场实际为宗教活动场所常住人员和外来暂住人员的生活用电（不包括举办宗教活动的场所以及经营性场所用电），属于综合变以下供电用户。计量点的计量点级数为“顶级”，行业分类为“公共管理和社会组织、国际组织”这一级行业下的二三四级行业：“宗教组织”，此计量点的“电价”档案应为“（综合变）农村居民照明合表户电价”。

注意：用户现场实际若为宗教活动场所常住人员和外来暂住人员的生活用电则应执行居民合表电价，若为举办宗教活动的场所以及经营性场所用电则应执行工商业电价。可参照《省物价局关于印发江苏省电网销售电价分类适用范围说明的通知》（苏价工〔2015〕334 号）具体要求，结合用户现场实际情况选择此计量点电价和行业分类。

4）档案标签：次级计量点。

计量点的计量点级数为“次级”，电价若为“（综合变）农村居民照明合表户电价”，则计量点现场实际应为农村居民合表用电（不包括以居民住宅为场地，进行生产经营活动的用电）或监狱监房生活用电或宗教活动场所常住人员和外来暂住人员的生活用电（不包括举办宗教活动的场所以及经营性场所用电）。

8.14　居民小区公用动力电价

【政策要求】

1）《省物价局关于印发江苏省电网销售电价分类适用范围说明的通知》（苏价工〔2015〕334 号）规定：“居民生活用电中的城乡居民住宅小区公用附属设施用电：是指城乡居民家庭住宅小区内的公共场所照明、电梯、水泵、电子防盗门、电子门铃、消防、绿地、门卫、车库等非经营性用电，不包括物业管理办公场所、经营性场所、收费经营的车场车库、市政管理的小区路灯以及通信运营商等位于小区内的用电设施等从事生产、经营活动用电。”

2）《省物价局关于印发江苏省电网销售电价分类适用范围说明的通知》（苏价工〔2015〕334 号）规定：“居民住宅小区内共用设施包括电梯、天线、消防、楼道照明、路灯、绿地、水泵、电子防盗门、电子门铃、非经营性车场车库、公益性文体设施、内部监控设施、门卫等涉及到服务全体业主共用的水电气，不包括经营性场所和经营性车库等。”

3）居民住宅小区共用附属设施应当是非营利性、公益性、满足居民生活基本需求的设施，包括供热、供水、供气、供电单位在小区内的用电设施，不包括物业管理办公场所、经营性场所、收费经营的车场车库、市政管理的小区路灯以及通信运营商等位于小区内的用电设施。

【建档要求】

1）用户现场实际为城乡居民住宅小区公用附属设施的动力用电（不包括物业管理办公场所、经营性场所、收费经营的车场车库、市政管理的小区路灯以及通信运营商等位于小区内的用电设施，从事生产、经营活动的用电）。计量点的计量点级数为“顶级”，与此计量点同一“线路台区名称”的供电电源的电源性质不为“保安电源”，行业分类为“房地产业”这一级行业下的二三四级行业：“物业管理”，则此计量点的“电价”档案应为“居民小区公用动力电价”且包括同类别的综合变以下电价。

注意：用户现场实际若为城乡居民住宅小区公用附属设施的动力用电则应执行居民小区公用动力电价，若为城乡居民住宅小区内的物业管理办公场所、经营性场所、收费经营的车场车库、市政管理的小区路灯以及通信运营商等位于小区内的用电设施，从事生产、经营活动的用电则应执行工商业电价。可参照《省物价局关于印发江苏省电网销售电价分类适用范围说明的通知》（苏价工〔2015〕334 号）具体要求，结合用户现场实际情况选择此计量点电价和行业分类。

2）计量点的计量点级数为“次级”，与此计量点同一“线路台区名称”的供电电源的电源性质不为“保安电源”，电价若为“居民小区公用动力电价”且包括同类别的综合变以下电价，则计量点现场实际应为城乡居民住宅小区公用附属设施的动力用电（不包括物业管理办公场所、经营性场所、收费经营的车场车库、市政管理的小区路灯以及通信运营商等位于小区内的用电设施等从事生产、经营活动用电）。

8.15 居民小区公用照明电价

【政策要求】

1）《省物价局关于印发江苏省电网销售电价分类适用范围说明的通知》（苏价工〔2015〕334 号）规定：“居民生活用电中的城乡居民住宅小区公用附属设施用电：是指城乡居民家庭住宅小区内的公共场所照明、电梯、水泵、电子防盗门、电子门铃、消防、绿地、门卫、车库等非经营性用电，不包括物业管理办公场所、经营性场所、收费经营的车场车库、市政管理的小区路灯以及通信运营商等位于小区内的用电设施等从事生产、经营活动用电。”

2）《省物价局关于明确居民住宅小区共用设施水电气价格的通知》（苏价工〔2013〕224 号）规定：居民住宅小区内共用设施包括电梯、天线、消防、楼道照明、路灯、绿地、水泵、电子防盗门、电子门铃、非经营性车场车库、公益性文体设施、内部监控设施、门卫等涉及到服务全体业主共用的水电气，不包括经营性场所和经营性车库等。

3）居民住宅小区共用附属设施应当是非营利性、公益性、满足居民生活基本需求的设施，包括供热、供水、供气、供电单位在小区内的用电设施，不包括物业管理办公场所、经营性场所、收费经营的车场车库、市政管理的小区路灯以及通信运营商等位于小区内的用电设施。

【建档要求】

1）用户现场实际为城乡居民住宅小区公用附属设施的照明用电（不包括物业管理办公场所、经营性场所、收费经营的车场车库、市政管理的小区路灯以及通信运营商等位于小区内的用电设施，从事生产、经营活动的用电）。计量点的计量点级数为“顶级”，与此计量点同一“线路台区名称”的供电电源的电源性质不为“保安电源”，行业分类为“房地产业”这一级行业下的二三四级行业：“物业管理”，则此计量点的“电价”档案应为“居民小区公用照明电价”且包括同类别的综合变以下电价。

注意：用户现场实际若为城乡居民住宅小区公用附属设施的照明用电则应执行居民小区公用照明电价，若为城乡居民住宅小区内的物业管理办公场所、经营性场所、收费经营的车场车库、市政管理的小区路灯以及通信运营商等位于小区内的用电设施，从事生产、经营活动的用电则应执行工商业电价。可参照《省物价局关于印发江苏省电网销售电价分类适用范围说明的通知》（苏价工〔2015〕334 号）具体要求，结合用户现场实际情况选择此计量点电价和行业分类。

2）计量点的计量点级数为“次级”，与此计量点同一“线路台区名称”的供电电源的电源性质不为“保安电源”，电价若为“居民小区公用照明电价”且包括同类别的综合变以下电价，则计量点现场实际应为城乡居民住宅小区公用附属设施的照明用电（不包括物业管理办公场所、经营性场所、收费经营的车场车库、市政管理的小区路灯以及通信运营商等位于小区内的用电设施等从事生产、经营活动用电）。

8.16 城市社区服务设施电价

【政策要求】《省物价局关于印发江苏省电网销售电价分类适用范围说明的通知》（苏价工〔2015〕334 号）规定：“居民生活用电中的城乡社区居民委员会服务设施用电：是指城乡居民社区居民委员会工作场所及非经营公益服务设施的用电。包括：城乡社区居民委员会办公场所用电；附属的非经营公益性的图书阅览室、警务室、医务室、健身室等用电；附属的为老年人提供膳宿服务的养老服务设施的用电；附属的托儿所、幼儿园的生活用电；不包括街道办事处用电。”

【建档要求】

1）用户现场实际为城乡居民社区居民委员会工作场所及非经营公益服务设施的用电（不包括街道办事处用电）。计量点的计量点级数为“顶级”，与此计量点同一“线路台区名称”的供电电源的电源性质不为“保安电源”，行业分类为“公共管理和社会组织、国际组织”这一级行业下的二三四级行业：“群众团体”或“社会团体”，则此计量点的“电价”档案应为“城市社区服务设施电价”且包括同类别的综合变以下电价。

注意：用户现场实际若为城乡居民社区居民委员会工作场所及非经营公益服务设施的用电则应执行社区服务设施电价，若为街道办事处用电则应执行工商业电价。可参照《省物价局关于印发江苏省电网销售电价分类适用范围说明的通知》（苏价工〔2015〕334号）具体要求，结合用户现场实际情况选择此计量点电价和行业分类。

2）计量点的计量点级数为“次级”，与此计量点同一“线路台区名称”的供电电源的电源性质不为“保安电源”，电价若为“城市社区服务设施电价”且包括同类别的综合变以下电价，则计量点现场实际应为城乡居民社区居民委员会工作场所及非经营公益服务设施的用电（不包括街道办事处用电）。

8.17 宗教组织等电价

【政策要求】《省物价局关于印发江苏省电网销售电价分类适用范围说明的通知》（苏价工〔2015〕334号）规定：“居民生活用电中的宗教场所生活用电：是指经县级及以上人民政府宗教事务部门登记的寺院、宫观、清真寺、教堂等宗教活动场所常住人员和外来暂住人员的生活用电，不包括举办宗教活动的场所以及供游客参观、购物、餐饮、住宿等经营性场所用电。”

8.18 大中专、中小学等电价

【政策要求】

1）《省物价局关于印发江苏省电网销售电价分类适用范围说明的通知》（苏价工〔2015〕334号）规定：居民生活用电中的学校教学和学生生活用电：是指学校的教室、图书馆、实验室、体育用房、校系行政用房等教学设施，以及学生食堂、澡堂、宿舍等学生生活设施用电。执行居民用电价格的学校，是指经国家有关部门批准，由政府及其有关部门、社会组织和公民个人举办的公办、民办学校，包括：①普通高等学校（包括大学、独立设置的学院和高等专科学校）；②普通高中、成人高中和中等职业学校（包括普通中专、成人中专、职业高中、技工学校）；③普通初中、职业初中、成人初中；④普通小学、成人小学；⑤幼儿园（托儿所）；⑥特殊教育学校（对残障儿童、少年实施义务教育的机构）；不包括各类经营性培训机构，如驾校、烹饪、美容美发、语言、电脑培训等，以及机关、企事业单位培训机构、学校兼营经营性培训、非学生参加劳动实习为主的校办企业等生产经营用电。

2）《省物价局关于试行居民生活用电阶梯式电价的通知》（苏价工〔2016〕182 号）规定：同时具备下列条件的中小学生素质教育基地用电参照学校教学和学生生活用电价格执行。①经地方编制部门批准建立的公益一类、日常经费由财政全额拨付的事业单位；②除向学生收取伙食费外，不收取其他任何费用，不以营利为目的；③素质教育基地没有对外出租（借）等经营行为。

【建档要求】

1）档案标签：学校。

用户现场实际为学校教学和学生生活用电（不包括各类经营性培训机构以及机关、企事业单位培训机构、学校兼营经营性培训、非学生参加劳动实习为主的校办企业等生产经营用电）。计量点的计量点级数为"顶级"，与此计量点同一"线路台区名称"的供电电源的电源性质不为"保安电源"，行业分类为"教育、文化、体育和娱乐业"这一级行业下的二三四级行业："教育"下的三四级行业，则此计量点的"电价"档案应为"大中专、中小学等电价"且包括同类别的综合变以下电价。

注意：用户现场实际若为学校教学和学生生活用电则应执行大中专、中小学等电价，若为各类经营性培训机构以及机关、企事业单位培训机构、学校兼营经营性培训等生产经营用电则应执行工商业电价，若为非学生参加劳动实习为主的校办企业用电则应执行工业电价。可参照《省物价局关于印发江苏省电网销售电价分类适用范围说明的通知》（苏价工〔2015〕334 号）具体要求，结合用户现场实际情况选择此计量点电价和行业分类。

2）档案标签：托育机构。

《省发展改革委 省卫生健康委 省住房城乡建设厅关于托育机构用水用电用气用热价格有关事项的通知》（苏发改价格发〔2022〕1465 号）规定，托育机构用水、用电、用气按照执行居民价格的非居民用户（如学校、社会福利场所等）标准执行。本通知所称托育机构是指经所在地县级卫生健康部门备案，为 3 岁以下婴幼儿提供全日托、半日托、计时托、临时托等托育服务的机构。托育机构凭所在地县级卫生健康部门出具的《托育机构备案回执》，向当地供水、供电、供气企业申请办理。

3）档案标签：公益类素质教育基地。

用户现场实际为非营利性公益类由财政拨付经费的中小学生素质教育基地用电（不包括非公益类、或日常经费不由财政拨付、或收取伙食费之外的其他费用以营利为目的、或存在对外出租（借）等经营行为的中小学生素质教育基地用电）。计量点的计量点级数为“顶级”，与此计量点同一“线路台区名称”的供电电源的电源性质不为“保安电源”，行业分类为“教育、文化、体育和娱乐业”这一级行业下的二三四级行业：“教育”下的三四级行业，则此计量点的“电价”档案应为“大中专、中小学等电价”且包括同类别的综合变以下电价。

注意： 用户现场实际若为非营利性公益类由财政拨付经费的中小学生素质教育基地用电则应执行大中专、中小学等电价，若为非公益类、或日常经费不由财政拨付、或收取伙食费之外的其他费用以营利为目的、或存在对外出租（借）等经营行为的中小学生素质教育基地用电则应执行工商业电价。可参照《省物价局关于试行居民生活用电阶梯式电价的通知》（苏价工〔2016〕182 号）具体要求，结合用户现场实际情况选择此计量点电价和行业分类。

4）档案标签：次级计量点。

计量点的计量点级数为“次级”，与此计量点同一“线路台区名称”的供电电源的电源性质不为“保安电源”，电价若为“大中专、中小学等电价”且包括同类别的综合变以下电价，则计量点现场实际应为学校教学和学生生活用电或非营利性公益类由财政拨付经费的中小学生素质教育基地用电［不包括各类经营性培训机构以及机关、企事业单位培训机构、学校兼营经营性培训、非学生参加劳动实习为主的校办企业等生产经营用电；非公益类、或日常经费不由财政拨付、或收取伙食费之外的其他费用以营利为目的、或存在对外出租（借）等经营行为的中小学生素质教育基地用电］。

8.19 敬老院、医院等电价

【政策要求】

1）《省物价局关于印发江苏省电网销售电价分类适用范围说明的通知》（苏价工〔2015〕334 号）规定：“居民生活用电中的社会福利场所生活用电：是指经县级及以上人民政府民政部门批准，由国家、社会组织和公民个人举办的，为老年人、残疾人、孤儿、弃婴提供养护、康复、托管等服务场所的生活用电。”

2）《省物价局关于印发江苏省电网销售电价分类适用范围说明的通知》（苏价工〔2015〕334 号）规定：“居民生活用电中的农村医院用电：是指经县级及以上卫生行政主管部门执业资质认证，郊区的乡镇、县城以下（不含县城）的乡镇卫生院、村卫生室等医疗机构用电，不包括疗养院、按摩院、药店、兽医院、宠物医院。”

【建档要求】

1）用户现场实际为社会福利场所生活用电或县级以下（不含县城）的乡镇卫生院、村卫生室等医疗机构用电（不包括疗养院、按摩院、药店、兽医院、宠物医院）。计量点的计量点级数为“顶级”，与此计量点同一“线路台区名称”的供电电源的电源性质不为“保安电源”，行业分类为“卫生和社会工作”这一级行业下的二三四级行业（不包括“疗养院”），则此计量点的“电价”档案应为“敬老院、医院等电价”且包括同类别的综合变以下电价。

注意：用户现场实际若为社会福利场所生活用电或县级以下（不含县城）的乡镇卫生院、村卫生室等医疗机构用电则应执行敬老院、医院等电价，若为县级及以上的乡镇卫生院、村卫生室等医疗机构用电，或疗养院、按摩院、药店、兽医院、宠物医院等用电则应执行工商业电价。可参照《省物价局关于印发江苏省电网销售电价分类适用范围说明的通知》（苏价工〔2015〕334 号）具体要求，结合用户现场实际情况选择此计量点电价和行业分类。

2）计量点的计量点级数为“次级”，与此计量点同一“线路台区名称”的供电电源的电源性质不为“保安电源”，电价若为“敬老院、医院等电价”且包括同类别的综合变以下电价，则计量点现场实际应为社会福利场所生活用电或县级以下（不含县城）的乡镇卫生院、村卫生室等医疗机构用电（不包括疗养院、按摩院、药店、兽医院、宠物医院）。

8.20　农村饮水安全工程电价

【政策要求】《省物价局关于印发江苏省电网销售电价分类适用范围说明的通知》（苏价工〔2015〕334 号）规定：“居民生活用电中的农村饮水安全工程供水用电：是指列入国家和省农村饮水安全规划，经省水利部门、物价部门核准的，以解决农村居民饮用水为主要目标的乡镇及其以下供水工程生产性用电，不包括办公、生活等照明用电。”

1）用户现场实际属于物价部门发文认证的“农村饮水供水工程”用户，为农村饮水供水工程的生产性用电（不包括办公、生活等照明用电）。计量点的计量点级数为“顶级”，行业分类为“电力、热力、燃气及水的生产和供应业”这一级行业下的二三四级行业：“水的生产和供应业”下的三四级行业，则此计量点的“电价”档案应为“农村饮水安全工程电价”且包括同类别的综合变以下电价。

注意：用户现场实际若属于物价部门发文认证的，为农村饮水供水工程的生产性用电则应执行农村饮水安全工程电价，为农村饮水供水工程的办公、生活等照明用电则应执行工商业电价，若未经物价部门发文认证的农村饮水供水工程的所有用电则应执行工商业电价，若为自来水生产和供应用电或污水处理及其再生利用用电则应执行工业电价。可参照《省物价局关于印发江苏省电网销售电价分类适用范围说明的通知》（苏价工〔2015〕334号）具体要求，结合用户现场实际情况选择此计量点电价和行业分类。

2）计量点的计量点级数为“次级”，电价若为“农村饮水安全工程电价”且包括同类别的综合变以下电价，则用户现场实际应属于物价部门发文认证的“农村饮水供水工程”用户，计量点为农村饮水供水工程生产性用电（不包括办公、生活等照明用电）。

8.21 农村路灯照明电价

【政策要求】

1）《省物价局关于印发江苏省电网销售电价分类适用范围说明的通知》（苏价工〔2015〕334号）规定：居民生活用电中的农村路灯照明用电：是指由村委会（农村社区）及村内其他组织、单位、个人承担的村庄内公用路灯照明用电，不包括农村亮化照明用电。

2）《省物价局关于印发江苏省电网销售电价分类适用范围说明的通知》（苏价工〔2015〕334号）规定：“路灯照明用电执行工商业及其他电价。”此外，从2023年9月1日路灯照明（含农村路灯照明）执行功率因数考核。

【建档要求】

用户现场实际为农村路灯照明用电（不包括农村亮化照明用电）。计量点的计量点级数为“顶级”，行业分类为“水利、环境和公共设施管理业”这一级行业下的二三四级行业：“市政设施管理”“公共照明”“城乡市容管理”“城市公园管理”，则此计量点的“电价”档案应为“农村路灯照明电价”且包括同类别的综合变以下电价。

注意：用户现场实际若为农村路灯照明用电则应执行农村路灯照明电价，若为农村亮化照明用电则应执行工商业电价，若为日常经费由财政拨付的城乡市政公用路灯照明用电应执行其他照明城镇路灯照明电价。可参照《省物价局关于印发江苏省电网销售电价分类适用范围说明的通知》（苏价工〔2015〕334号）和《关于明确电价执行有关问题的通知》（苏价工〔2011〕278号）具体要求，结合用户现场实际情况选择此计量点电价和行业分类；

计量点的计量点级数为“次级”，电价若为“农村路灯照明电价”且包括同类别的综合变以下电价，则计量点现场实际应为农村路灯照明用电（不包括农村亮化照明用电）。

8.22　农产品初加工电价

【政策要求】

1)《省物价局关于印发江苏省电网销售电价分类适用范围说明的通知》(苏价工〔2015〕334 号)规定：农业生产用电中的农产品初加工用电：农业服务业中的农产品初加工用电，是指对各种农产品（包括天然橡胶、纺织纤维原料）进行脱水、凝固、去籽、净化、分类、晒干、剥皮、初烤、沤软或大批包装以提供初级市场的用电。不包括农产品的保鲜、保温、冷藏、冷冻等用电。

2)《省物价局关于印发江苏省电网销售电价分类适用范围说明的通知》(苏价工〔2015〕334 号)规定：工商业及其他用电中的农副产品加工业用电：是指直接以农、林、牧、渔产品为原料进行的谷物磨制、饲料加工、植物油和制糖加工、屠宰及肉类加工、水产品加工，以及蔬菜、水果、坚果等食品的加工用电。

【建档要求】

1）用户现场实际为农业服务业中的农产品初加工用电或大批包装以提供初级市场的用电（区别于深加工用电，且不包括农产品的保鲜、保温、冷藏、冷冻等用电)。计量点的计量点级数为“顶级”，行业分类为“农、林、牧、渔业”这一级行业下的二三四级行业：“农业服务业”，则此计量点的“电价”档案应为“农产品初加工电价”且包括同类别的综合变以下电价。

注意：用户现场实际若为农业服务业中的农产品初加工用电或大批包装以提供初级市场的用电则应执行农产品初加工电价，若为农产品的保鲜、保温、冷藏、冷冻等用电则应执行非工业电价，若为农副产品深加工用电应执行工业电价。可参照《省物价局关于印发江苏省电网销售电价分类适用范围说明的通知》(苏价工〔2015〕334 号）具体要求，结合用户现场实际情况选择此计量点电价和行业分类。

2）计量点的计量点级数为“次级”，电价若为“农产品初加工电价”且包括同类别的综合变以下电价，则计量点现场实际应为农业服务业中的农产品初加工用电或大批包装以提供初级市场的用电（区别于深加工用电，且不包括农产品的保鲜、保温、冷藏、冷冻等用电)。

8.23　普通农业电价

普通农业电价包括农业生产用电电价、农业生产排灌电价、农业生产抗灾救灾电价、农业生产省属外大型翻水电价四类电价。

【政策要求】

1)《省物价局关于印发江苏省电网销售电价分类适用范围说明的通知》(苏价工〔2015〕334号)规定：农业生产用电中的农业用电：是指各种农作物的种植活动用电。包括谷物、豆类、薯类、棉花、油料、糖料、麻类、烟草、蔬菜、食用菌、园艺作物、水果、坚果、含油果、饮料和香料作物、中药材及其他农作物种植用用电。

2)《省物价局关于印发江苏省电网销售电价分类适用范围说明的通知》(苏价工〔2015〕334号)规定：农业生产用电中的林木培育和种植用电是指林木育种和育苗、造林和更新、森林经营和管护等活动用电。其中，森林经营和管护用电是指在林木生长的不同时期进行的促进林木生长发育的活动用电，不包括木材和竹材采运、林产品采集等用电。

3)《省物价局关于印发江苏省电网销售电价分类适用范围说明的通知》(苏价工〔2015〕334号)规定：农业生产用电中的畜牧业用电：是指为了获得各种畜禽产品而从事的动物饲养活动用电。包括昆虫及皮毛类动物的饲养、繁育、孵化用电，不包括专门供体育活动和休闲等活动相关的禽畜饲养用电。

4)《省物价局关于印发江苏省电网销售电价分类适用范围说明的通知》(苏价工〔2015〕334号)规定：农业生产用电中的渔业用电是指在内陆水域对各种水生动物进行养殖、捕捞，以及在海水中对各种水生动植物进行养殖、捕捞活动用电，包括鱼塘排涝的抽水、灌水用电。不包括专门供体育活动、休闲和钓鱼等活动用电以及水产品的加工用电。

5)《省物价局关于印发江苏省电网销售电价分类适用范围说明的通知》(苏价工〔2015〕334号)规定：农业生产用电中的农业灌溉用电：是指为农业生产服务的灌溉及排涝用电。包括打井、防汛临时用电。不包括电力排灌、防洪设施、河道疏浚等用电。

6)《省物价局关于印发江苏省电网销售电价分类适用范围说明的通知》(苏价工〔2015〕334号)规定：农业生产用电中的秸秆初加工用电是指个人或单位对秸秆进行捡拾、切割、粉碎、拉捆、压块等工作程序的用电，不包括此后应用秸秆制沼气、发电、生产肥料或饲料、造纸或生产板材等深加工生产程序用电。

7)《省物价局关于印发江苏省电网销售电价分类适用范围说明的通知》(苏价工〔2015〕334号)规定：农业生产用电中的禽畜养殖污染防治设施运行用电是指禽畜养殖场、养殖小区的禽畜养殖污染防治设施运行用电。包括经当地环境保护主管部门确认，对禽畜养殖污染物进行集中处理设施的用电。

【建档要求】

1)档案标签：农作物种植。

用户现场实际为各种农作物的种植活动用电。计量点的计量点级数为“顶级”，行业分类为“农、林、牧、渔业”这一级行业下的二三四级行业：“农业”下的三四级行业，则此计量点的“电价”档案应为“普通农业电价”且包括同类别的综合变以下电价；

2）档案标签：林木种植。

用户现场实际为林木育种和育苗、造林和更新、森林经营和管护等活动用电（不包括木材和竹材采运、林产品采集等用电）。计量点的计量点级数为“顶级”，行业分类为“农、林、牧、渔业”这一级行业下的二三四级行业：“林业”下的三四级行业（不包括“木材和竹材的采运”“林产品的采集”），则此计量点的“电价”档案应为“普通农业电价”且包括同类别的综合变以下电价。

注意：用户现场实际若为林木育种和育苗、造林和更新、森林经营和管护等活动用电则应执行农业电价，若为木材和竹材采运、林产品采集等用电应执行非工业电价。可参照《省物价局关于印发江苏省电网销售电价分类适用范围说明的通知》（苏价工〔2015〕334 号）具体要求，结合用户现场实际情况选择此计量点电价和行业分类。

3）档案标签：畜禽饲养。

用户现场实际为了获得各种畜禽产品而从事的动物饲养活动用电（不包括专门供体育活动和休闲等活动相关的禽畜饲养用电）。计量点的计量点级数为“顶级”，行业分类为“农、林、牧、渔业”这一级行业下的二三四级行业：“畜牧业”，则此计量点的“电价”档案应为“普通农业电价”且包括同类别的综合变以下电价。

注意：用户现场实际若为了获得各种畜禽产品而从事的动物饲养活动用电则应执行农业电价，若为专门供体育活动和休闲等活动相关的禽畜饲养用电应执行工商业电价。可参照《省物价局关于印发江苏省电网销售电价分类适用范围说明的通知》（苏价工〔2015〕334 号）具体要求，结合用户现场实际情况选择此计量点电价和行业分类。

4）档案标签：鱼塘养殖。

用户现场实际为养殖、捕捞活动用电及鱼塘排涝的抽水、灌水用电（不包括专门供体育活动、休闲和钓鱼等活动用电以及水产品的加工用电）。计量点的计量点级数为“顶级”，行业分类为“农、林、牧、渔业”这一级行业下的二三四级行业：“渔业”下的三四级行业，则此计量点的“电价”档案应为“普通农业电价”且包括同类别的综合变以下电价。

注意：用户现场实际若为养殖、捕捞活动用电及鱼塘排涝的抽水、灌水用电则应执行农业电价，若为专门供体育活动、休闲和钓鱼等活动用电则应执行工商业电价，若为水产品的加工用电则应执行工业电价。可参照《省物价局关于印发江苏省电网销售电价分类适用范围说明的通知》（苏价工〔2015〕334 号）具体要求，结合用户现场实际情况选择此计量点电价和行业分类。

5）档案标签：打井防汛临时用电

用户现场实际为打井、防汛临时用电（不包括防洪设施、河道疏浚等用电）。计量点的计量点级数为“顶级”，行业分类为“水利、环境和公共设施管理业”这一级行业下的二三四级行业：“防洪除涝设施管理”“水资源管理”“天然水收集与分配”，则此计量点的“电价”档案应为“普通农业电价”且包括同类别的综合变以下电价。

注意：用户现场实际若为打井、防汛临时用电则应执行普通农业电价，若为防洪设施、河道疏浚等用电应执行非工业电价。可参照《省物价局关于印发江苏省电网销售电价分类适用范围说明的通知》（苏价工〔2015〕334号）具体要求，结合用户现场实际情况选择此计量点电价和行业分类。

6）档案标签：农业排灌。

用户现场实际为农业生产服务的灌溉、排涝用电（不包括电力排灌用电）。计量点的计量点级数为“顶级”，行业分类为“农、林、牧、渔业”这一级行业下的二三四级行业：“排灌”，则此计量点的“电价”档案应为“普通农业电价”且包括同类别的综合变以下电价。

注意：用户现场实际若为农业生产服务的灌溉、排涝用电则应执行普通农业电价，若为电力排灌用电应执行非工业电价。可参照《省物价局关于印发江苏省电网销售电价分类适用范围说明的通知》（苏价工〔2015〕334号）具体要求，结合用户现场实际情况选择此计量点电价和行业分类。

7）档案标签：秸秆初加工。

用户现场实际为对秸秆进行捡拾、切割、粉碎、拉捆、压块等工作程序的用电（不包括此后应用秸秆进行深加工生产程序用电）。计量点的计量点级数为“顶级”，行业分类为“农、林、牧、渔业”这一级行业下的二三四级行业：“农业服务业”，则此计量点的“电价”档案应为“普通农业电价”且包括同类别的综合变以下电价。

注意：用户现场实际若为对秸秆进行捡拾、切割、粉碎、拉捆、压块等工作程序的用电则应执行普通农业电价，若为此后应用秸秆进行深加工生产程序用电则应执行工业电价，若为农副产品深加工用电应执行工业电价。可参照《省物价局关于印发江苏省电网销售电价分类适用范围说明的通知》（苏价工〔2015〕334号）具体要求，结合用户现场实际情况选择此计量点电价和行业分类。

8）档案标签：畜禽防污。

用户现场实际为畜禽污染防治处理设施用电。计量点的计量点级数为“顶级”，行业分类为“水利、环境和公共设施管理业”这一级行业下的二三四级行业：“环境治理业”，则此计量点的“电价”档案应为“普通农业电价”且包括同类别的综合变以下电价。

注意：用户现场实际若为畜禽污染防治处理设施用电则应执行农业电价，若为其他环境治理用电应执行非工业电价，若为垃圾处理用电则应执行工业电价。可参照《省物价局关于印发江苏省电网销售电价分类适用范围说明的通知》（苏价工〔2015〕334 号）具体要求，结合用户现场实际情况选择此计量点电价和行业分类。

9）档案标签：次级计量点。

计量点的计量点级数为“次级”，电价若为“普通农业电价”且包括同类别的综合变以下电价，则计量点现场实际应为各类农业生产用电。

8.24　其他照明城镇路灯照明电价

【政策要求】

1）《关于明确电价执行有关问题的通知》（苏价工〔2011〕278 号）规定：路灯照明用电执行工商业及其他电价。

2）《省物价局关于印发江苏省电网销售电价分类适用范围说明的通知》（苏价工〔2015〕334 号）规定：居民生活用电中的农村路灯照明用电：是指由村委会（农村社区）及村内其他组织、单位、个人承担的村庄内公用路灯照明用电，不包括农村亮化照明用电。

【建档要求】

1）用户现场实际为日常经费由财政拨付的城乡市政公用路灯照明用电。计量点的计量点级数为“顶级”，行业分类为“水利、环境和公共设施管理业”这一级行业下的二三四级行业：“市政设施管理”“公共照明”“城乡市容管理”“城市公园管理”，则此计量点的“电价”档案应为“其他照明城镇路灯照明电价”且包括同类别的综合变以下电价。

注意：用户现场实际若为日常经费由财政拨付的城乡市政公用路灯照明用电应执行其他照明城镇路灯照明电价，若为农村路灯照明用电则应执行农村路灯照明电价，若为农村亮化照明用电则应执行工商业电价。可参照《省物价局关于印发江苏省电网销售电价分类适用范围说明的通知》（苏价工〔2015〕334 号）和《关于明确电价执行有关问题的通知》（苏价工〔2011〕278 号）具体要求，结合用户现场实际情况选择此计量点电价和行业分类。

2）计量点的计量点级数为“次级”，则此计量点的“电价”档案应不为“其他照明城镇路灯照明电价”且包括同类别的综合变以下电价。若此计量点确应执行此类电价，且与此计量点同一“线路台区名称”并存在计费关系的顶级计量点的“电价”也为此类电价，则建议将此次级计量点拆表或删除。

8.25 工商业电价

工商业电价：包括大工业、工商业及其他用电。

【政策要求】《省物价局关于印发江苏省电网销售电价分类适用范围说明的通知》（苏价工〔2015〕334号）规定：工商业及其他用电：是指除居民生活用电、农业生产用电以及大工业用电以外的用电。

【建档要求】

前提条件：与计量点同一“线路台区名称”的供电电源的电源性质不为“保安电源”且供电电压“大于等于10kV”且供电容量“大于等于315kVA”。

1）档案标签：燃气供应或管道运输。

用户现场实际为普通燃气供应用电或西气东输管道运输用电。行业分类为“电力、热力、燃气及水的生产和供应业”这一级行业下的二三四级行业：“燃气生产和供应业”，则此计量点的“电价”档案应为“工商业电价”且包括同类别的综合变以下电价。

注意：用户现场实际若为普通燃气供应用电或西气东输管道运输用电则应执行非工业电价，若为西气东输压气站压气用电则应执行工业电价。可结合用户现场实际情况选择此计量点电价和行业分类。

2）档案标签：管道运输。

用户现场实际为西气东输管道运输用电或石油天然气热力管道运输用电。行业分类为“交通运输、仓储和邮政业”这一级行业下的二三四级行业：“管道运输业”，则此计量点的“电价”档案应为“工商业电价”且包括同类别的综合变以下电价。

注意：用户现场实际若为西气东输管道运输用电或石油天然气热力管道运输用电则应执行非工业电价，若为石油天然气热力的加压站生产用电则应执行工业电价。可参照《省物价局关于印发江苏省电网销售电价分类适用范围说明的通知》（苏价工〔2015〕334号）具体要求，结合用户现场实际情况选择此计量点电价和行业分类。

3）档案标签：城市公共交通。

用户现场实际为其他城市公共交通运输用电。行业分类为“交通运输、仓储和邮政业”这一级行业下的二三四级行业：“城市公共交通运输”，则此计量点的“电价”档案应为“工商业电价”且包括同类别的综合变以下电价。

注意： 用户现场实际若为其他城市公共交通运输用电则应执行非工业电价，若为有轨电车用电则应执行工业电价。可参照《省物价局关于印发江苏省电网销售电价分类适用范围说明的通知》（苏价工〔2015〕334号）具体要求，结合用户现场实际情况选择此计量点电价和行业分类。

4）档案标签：水上运输。

用户现场实际为其他水上运输用电。行业分类为“交通运输、仓储和邮政业”这一级行业下的二三四级行业：“水上旅客运输”“水上货物运输”，则此计量点的“电价”档案应为“工商业电价”且包括同类别的综合变以下电价。

注意： 用户现场实际若为其他水上运输用电则应执行非工业电价，若为电气化航运用电则应执行工业电价。可参照《省物价局关于印发江苏省电网销售电价分类适用范围说明的通知》（苏价工〔2015〕334号）具体要求，结合用户现场实际情况选择此计量点电价和行业分类。

5）档案标签：环境治理。

用户现场实际为其他环境治理用电。行业分类为“水利、环境和公共设施管理业”这一级行业下的二三四级行业：“环境治理业”，则此计量点的“电价”档案应为“工商业电价”且包括同类别的综合变以下电价。

注意： 用户现场实际若为其他环境治理用电应执行非工业电价，若为垃圾处理用电则应执行工业电价，若为畜禽污染防治处理设施用电则应执行农业电价。可参照《省物价局关于印发江苏省电网销售电价分类适用范围说明的通知》（苏价工〔2015〕334号）具体要求，结合用户现场实际情况选择此计量点电价和行业分类。

6）档案标签：电子计算中心。

用户现场实际为电子计算中心用电且提供计算服务的设备负荷在总用电负荷所占比重低于95%。计量点的计量点级数为“顶级”，与此计量点同一“线路台区名称”并存在计费关系的次级计量点的电量计算方式为“按定比”且定比定量值“大于5%”，行业分类为“信息传输、软件和信息技术服务业”这一级行业下的二三四级行业：“电信”下的三四级行业、“互联网和相关服务”下的三四级行业、“软件和信息技术服务业”下的三四级行业，则此计量点的“电价”档案应为“工商业电价”且包括同类别的综合变以下电价。

注意： 用户现场实际若为电子计算中心用电且提供计算服务的设备负荷在总用电负荷所占比重低于95%则应执行非工业电价，若为电子计算中心用电且提供计算服务的设备负荷在总用电负荷所占比重超过95%则应执行大工业电子计算电价。可参照《原省物价局关于明确电价执行有关问题的通知》（苏价工〔2013〕427号）具体要求，结合用户现场实际情况选择此计量点电价和行业分类。

7）档案标签：居民住宅生产经营。

用户现场实际为以居民住宅为场地进行生产经营活动的用电。则此计量点的“电价”档案应为“工商业电价”且包括同类别的综合变以下电价。

注意：用户现场实际若为以居民住宅为场地进行生产经营活动的用电则应执行工商业电价，若为城镇或农村居民生活用电则应执行居民电价，若为城镇或农村居民合表生活用电则应执行居民合表电价。可参照《省物价局关于印发江苏省电网销售电价分类适用范围说明的通知》（苏价工〔2015〕334号）具体要求，结合用户现场实际情况选择此计量点电价和行业分类。

8）档案标签：非监狱的其他国家机构。

用户现场实际为非监狱的其他国家机构用电。行业分类为“公共管理和社会组织、国际组织”这一级行业下的二三四级行业：“国家权力机构”“国家行政机构”“其他国家机构”，则此计量点的“电价”档案应为“（综合变）农村居民照明合表户电价”且包括同类别的综合变以下电价。

注意：用户现场实际若为非监狱的其他国家机构用电应执行工商业电价，若为监狱监房生活用电，包括监狱单位的警戒设施、执勤住房办公照明、监房生活照明、驻监狱武警部队生活照明等用电则应执行居民合表电价，若为监狱下属工厂企业应执行工业电价。可参照《省物价局关于印发江苏省电网销售电价分类适用范围说明的通知》（苏价工〔2015〕334号）具体要求，结合用户现场实际情况选择此计量点电价和行业分类。

9）档案标签：宗教经营。

用户现场实际为举办宗教活动的场所以及经营性场所用电。行业分类为“公共管理和社会组织、国际组织”这一级行业下的二三四级行业：“宗教组织”，则此计量点的“电价”档案应为“工商业电价”且包括同类别的综合变以下电价。

注意：用户现场实际若为举办宗教活动的场所以及经营性场所用电则应执行工商业电价，若为宗教活动场所常住人员和外来暂住人员的生活用电则应执行居民合表电价。可参照《省物价局关于印发江苏省电网销售电价分类适用范围说明的通知》（苏价工〔2015〕334号）具体要求，结合用户现场实际情况选择此计量点电价和行业分类。

10）档案标签：物业管理。

用户现场实际为城乡居民住宅小区内的物业管理办公场所、经营性场所、收费经营的车场车库、市政管理的小区路灯以及通信运营商等的用电设施，从事生产、经营活动的用电。行业分类为“房地产业”这一级行业下的二三四级行业：“物业管理”，则此计量点的“电价”档案应为“工商业电价”且包括同类别的综合变以下电价。

注意：用户现场实际若为城乡居民住宅小区内的物业管理办公场所、经营性场所、收费经营的车场车库、市政管理的小区路灯以及通信运营商等位于小区内的用电设施，从事生产、经营活动的用电则应执行工商业电价，若为城乡居民住宅小区公用附属设施的动力用电则应执行居民小区公用动力电价，若为城乡居民住宅小区公用附属设施的照明用电则应执行居民小区公用照明电价。可参照《省物价局关于印发江苏省电网销售电价分类适用范围说明的通知》（苏价工〔2015〕334号）具体要求，结合用户现场实际情况选择此计量点电价和行业分类。

11）档案标签：街道办事处。

用户现场实际为街道办事处用电。行业分类为“公共管理和社会组织、国际组织”这一级行业下的二三四级行业：“群众团体”或“社会团体”，则此计量点的“电价”档案应为“工商业电价”且包括同类别的综合变以下电价。

注意：用户现场实际若为街道办事处用电则应执行工商业电价，若为城乡居民社区居民委员会工作场所及非经营公益服务设施的用电则应执行社区服务设施电价。可参照《省物价局关于印发江苏省电网销售电价分类适用范围说明的通知》（苏价工〔2015〕334号）具体要求，结合用户现场实际情况选择此计量点电价和行业分类。

12）档案标签：培训机构。

用户现场实际为各类经营性培训机构以及机关、企事业单位培训机构、学校兼营经营性培训等生产经营用电。行业分类为“教育、文化、体育和娱乐业”这一级行业下的二三四级行业：“教育”下的三四级行业，则此计量点的“电价”档案应为“工商业电价”且包括同类别的综合变以下电价。

注意：用户现场实际若为各类经营性培训机构以及机关、企事业单位培训机构、学校兼营经营性培训等生产经营用电则应执行工商业电价，若为非学生参加劳动实习为主的校办企业用电则应执行工业电价，若为学校教学和学生生活用电则应执行大中专、中小学等电价。可参照《省物价局关于印发江苏省电网销售电价分类适用范围说明的通知》（苏价工〔2015〕334号）具体要求，结合用户现场实际情况选择此计量点电价和行业分类。

13）档案标签：非公益类素质教育基地。

用户现场实际为非公益类、或日常经费不由财政拨付、或收取伙食费之外的其他费用以营利为目的、或存在对外出租（借）等经营行为的中小学生素质教育基地用电。行业分类为“教育、文化、体育和娱乐业”这一级行业下的二三四级行业：“教育”下的三四级行业，则此计量点的“电价”档案应为“工商业电价”且包括同类别的综合变以下电价。

注意：用户现场实际若为非公益类、或日常经费不由财政拨付、或收取伙食费之外的其他费用以营利为目的、或存在对外出租（借）等经营行为的中小学生素质教育基地用电则应执行工商业电价，若为非营利性公益类由财政拨付经费的中小学生素质教育基地用电则应执行大中专、中小学等电价。可参照《省物价局关于试行居民生活用电阶梯式电价的通知》（苏价工〔2016〕182号）具体要求，结合用户现场实际情况选择此计量点电价和行业分类。

14）档案标签：县级及以上医院。

用户现场实际为县级及以上的乡镇卫生院、村卫生室等医疗机构用电，或疗养院、按摩院、药店、兽医院、宠物医院等用电。行业分类为“卫生和社会工作”这一级行业下的二三四级行业，则此计量点的“电价”档案应为“工商业电价”且包括同类别的综合变以下电价。

注意：用户现场实际若为县级及以上的乡镇卫生院、村卫生室等医疗机构用电，或疗养院、按摩院、药店、兽医院、宠物医院等用电则应执行工商业电价，若为社会福利场所生活用电或县级以下（不含县城）的乡镇卫生院、村卫生室等医疗机构用电则应执行敬老院、医院等电价。可参照《省物价局关于印发江苏省电网销售电价分类适用范围说明的通知》（苏价工〔2015〕334号）具体要求，结合用户现场实际情况选择此计量点电价和行业分类。

15）档案标签：农村饮水供水工程。

用户现场实际属于物价部门发文认证的，为农村饮水供水工程的办公、生活等照明用电或未经物价部门发文认证的农村饮水供水工程的所有用电。行业分类为“电力、热力、燃气及水的生产和供应业”这一级行业下的二三四级行业：“水的生产和供应业”下的三四级行业，则此计量点的“电价”档案应为“工商业电价”且包括同类别的综合变以下电价。

注意：用户现场实际若属于物价部门发文认证的，为农村饮水供水工程的办公、生活等照明用电则应执行工商业电价，为农村饮水供水工程的生产性用电则应执行农村饮水安全工程电价，若属于未经物价部门发文认证的农村饮水供水工程的所有用电则应执行工商业电价，若为自来水生产和供应用电或污水处理及其再生利用用电则应执行工业电价。可参照《省物价局关于印发江苏省电网销售电价分类适用范围说明的通知》（苏价工〔2015〕334 号）具体要求，结合用户现场实际情况选择此计量点电价和行业分类。

16）档案标签：农村路灯。

用户现场实际为农村亮化照明用电。行业分类为“水利、环境和公共设施管理业”这一级行业下的二三四级行业：“市政设施管理”“公共照明”“城乡市容管理”“城市公园管理”，则此计量点的“电价”档案应为“工商业电价”且包括同类别的综合变以下电价。

注意：用户现场实际若为农村亮化照明用电则应执行工商业电价，若为农村路灯照明用电则应执行农村路灯照明电价，若为日常经费由财政拨付的城乡市政公用路灯照明用电应执行其他照明城镇路灯照明电价。可参照《省物价局关于印发江苏省电网销售电价分类适用范围说明的通知》（苏价工〔2015〕334 号）和《关于明确电价执行有关问题的通知》（苏价工〔2011〕278 号）具体要求，结合用户现场实际情况选择此计量点电价和行业分类。

17）档案标签：林业采运。

用户现场实际为木材和竹材采运、林产品采集等用电。行业分类为“农、林、牧、渔业”这一级行业下的二三四级行业：“木材和竹材的采运”“林产品的采集”，则此计量点的“电价”档案应为“工商业电价”且包括同类别的综合变以下电价。

注意：用户现场实际若为木材和竹材采运、林产品采集等用电应执行非工业电价，若为林木育种和育苗、造林和更新、森林经营和管护等活动用电则应执行农业电价。可参照《省物价局关于印发江苏省电网销售电价分类适用范围说明的通知》（苏价工〔2015〕334 号）具体要求，结合用户现场实际情况选择此计量点电价和行业分类。

18）档案标签：体育休闲禽畜饲养。

用户现场实际为专门供体育活动和休闲等活动相关的禽畜饲养用电。则此计量点的“电价”档案应为“工商业电价”且包括同类别的综合变以下电价。

注意：用户现场实际若为专门供体育活动和休闲等活动相关的禽畜饲养用电应执行工商业电价，若为了获得各种畜禽产品而从事的动物饲养活动用电则应执行农业电价。可参照《省物价局关于印发江苏省电网销售电价分类适用范围说明的通知》（苏价工〔2015〕334 号）具体要求，结合用户现场实际情况选择此计量点电价和行业分类。

19）档案标签：体育休闲。

用户现场实际为专门供体育活动、休闲和钓鱼等活动用电。则此计量点的“电价”

档案应为“工商业电价”且包括同类别的综合变以下电价。

注意：用户现场实际若为专门供体育活动、休闲和钓鱼等活动用电则应执行工商业电价，若为养殖、捕捞活动用电及鱼塘排涝的抽水、灌水用电则应执行农业电价，若为水产品的加工用电则应执行工业电价。可参照《省物价局关于印发江苏省电网销售电价分类适用范围说明的通知》（苏价工〔2015〕334号）具体要求，结合用户现场实际情况选择此计量点电价和行业分类。

20）档案标签：防洪及河道疏浚。

用户现场实际为防洪设施、河道疏浚等用电。行业分类为“水利、环境和公共设施管理业”这一级行业下的二三四级行业：“防洪除涝设施管理”“水资源管理”“天然水收集与分配”，则此计量点的“电价”档案应为“工商业电价”且包括同类别的综合变以下电价。

注意：用户现场实际若为防洪设施、河道疏浚等用电应执行非工业电价，若为打井、防汛临时用电则应执行普通农业电价。可参照《省物价局关于印发江苏省电网销售电价分类适用范围说明的通知》（苏价工〔2015〕334号）具体要求，结合用户现场实际情况选择此计量点电价和行业分类。

21）档案标签：电力排灌。

用户现场实际为电力排灌用电。行业分类为“农、林、牧、渔业”这一级行业下的二三四级行业：“排灌”，则此计量点的“电价”档案应为“工商业电价”且包括同类别的综合变以下电价。

注意：用户现场实际若为电力排灌用电应执行非工业电价，若为农业生产服务的灌溉、排涝用电则应执行普通农业电价。可参照《省物价局关于印发江苏省电网销售电价分类适用范围说明的通知》（苏价工〔2015〕334号）具体要求，结合用户现场实际情况选择此计量点电价和行业分类。

22）档案标签：工商业用电。

用户现场实际为商业用电、非工业用电、照明用电等工商业用电。行业分类为“农、林、牧、渔业”这一级行业下的二三四级行业：“农业服务业”“林业服务业”“畜牧服务业”“渔业服务业”，或“建筑业”这一级行业下的二三四级行业，或“交通运输、仓储和邮政业”这一级行业下的二三四级行业（不包括“城市公共交通运输”“水上旅客运输”“水上货物运输”“管道运输业”“电气化铁路”“港口岸电”），或“电信、广播电视和卫星传输服务”这一级行业下的二三四级行业：“有线广播电视传输服务”“无线广播电视传输服务”“卫星传输服务”，或“批发和零售业”这一级行业下的二三四级行业（不包括“充换电服务业”），或“住宿和餐饮业”这一级行业下的二三四级行业，或“金融业”这一级行业下的二三四级行业，或“房地产业”这一级行业下的二三四级行业（不包括“物业管理”），或“租赁和商务服务业”这一级行业下的二三四级行业，或“公共服务及管理组织”这一级行业下的二三四级行业，或“水利、环境和公共设施管理业”这一级行业下的二三四级行业（不包括“防洪除涝设施管理”“水资源管理”“天然水收集与分配”“环境治理业”“市政设施管理”“公共照明”“城乡市容管理”“城市公园管理”），或“居民服务、修理和其他服务业”这一级行业下的二三四级行业，或“教育、文化、体育和娱乐业”这一级行业下的二三四级行业（不包括“教育”下的三四级行业），或“公共管理和社会组织、国际组织”这一级行业下的二三四级行业（不包括“国家权力机构”“国家行政机构”“其他国家机构”“群众团体”“社会团体”“宗教组织”），则此计量点的“电价”档案应为“工商业电价”且包括同类别的综合变以下电价。

8.26　蓄冰制冷热水热泵电价

【政策要求】

1）电力蓄能技术装置是指整台或整组容量在 50kW 及以上且具备计量条件的电热锅炉、蓄冷（冰、水）空调。

2）对居民小区集中供冷供暖系统以及高校学生公寓生活用电的电力蓄能技术装置，执行居民生活电价，按平谷二段制执行分时电价。

3）对宾馆、饭店、商场、办公楼（写字楼）、医院等电力客户的电力蓄能技术装置，执行非普工业二段制分时电价。对用于大工业生产车间用电的电力蓄能技术装置，执行大工业峰谷分时电价；对大工业用电范围内除生产车间用电以外的电力蓄能技术装置，执行二段制非普工业分时电价。

4）达到本条第 1 款容量、计量要求的热水热泵机组，除用于居民生活类用电执行二段制分时电价外，用于其他用电一律执行峰平谷三段制分时电价。

【建档要求】前提条件：下文所指电力蓄能技术装置是指整台或整组容量在 50kW 及以上且具备计量条件的电热锅炉、蓄冷（冰、水）空调、热水热泵机组。计量点的电量计算方式为“实抄（装表计量）”，与计量点同一“线路台区名称”的供电电源的供电容量“大于等于 50kVA”。

1）档案标签：大工业生产车间内蓄冰制冷用电。

计量点现场实际为大工业用户生产车间内的电力蓄能技术装置用电，且符合“大工业”用户的执行要求，则此计量点的“电价”档案应为“（蓄冰制冷）大工业电价”。

2）档案标签：大工业生产车间外热水热泵用电。

计量点现场实际为大工业用户中除生产车间以外的电热锅炉类或热水热泵类电力蓄能技术装置用电，且符合“大工业”用户的执行要求，则此计量点的“电价”档案应按用电性质分为“（热水热泵）普通工业电价”或“（热水热泵）非工业电价”。

3）档案标签：大工业生产车间外蓄冰制冷用电。

计量点现场实际为大工业用户中除生产车间以外的蓄冰制冷类电力蓄能技术装置用电，且符合“大工业”用户的执行要求，则此计量点的“电价”档案应按用电性质分为“（蓄冰制冷）普通工业电价”或“（蓄冰制冷）非工业电价”。

4）档案标签：普通工业蓄冰制冷用电。

计量点现场实际为普通工业用户的蓄冰制冷类电力蓄能技术装置用电，且符合“普通工业”用户的执行要求，则此计量点的“电价”档案应按用电性质分为“（蓄冰制冷）普通工业电价”或“（蓄冰制冷）非工业电价”。

5）档案标签：普通工业热水热泵用电。

计量点现场实际为普通工业用户的电热锅炉类或热水热泵类电力蓄能技术装置用电，且符合“普通工业”用户的执行要求，则此计量点的“电价”档案应按用电性质分为“（热水热泵）普通工业电价”或“（热水热泵）非工业电价”。

6）档案标签：商业蓄冰制冷用电。

计量点现场实际为服务于宾馆、饭店、商场、办公楼（写字楼）、医院等用户的蓄冰制冷类电力蓄能技术装置用电，且符合“商业”用户的执行要求，则此计量点的“电价”档案应为“（蓄冰制冷）非工业电价”。

7）档案标签：商业热水热泵用电。

计量点现场实际为服务于宾馆、饭店、商场、办公楼（写字楼）、医院等用户的电热锅炉类或热水热泵类电力蓄能技术装置用电，且符合“商业”用户的执行要求，则此计量点的“电价”档案应为“（热水热泵）非工业电价”。

8）档案标签：学校蓄冰制冷用电。

计量点现场实际为服务于高校学生公寓生活的电力蓄能技术装置用电，且符合“学校”用户的执行要求，则此计量点的“电价”档案应为“（蓄冰制冷）大中专、中小学等电价”。

9）档案标签：小区蓄冰制冷用电。

计量点现场实际为服务于居民小区集中供冷供暖系统的电力蓄能技术装置用电，且符合“居民小区”用户的执行要求，则此计量点的“电价”档案应为“（蓄冰制冷）城镇居民照明电价”。

10）计量点现场实际不为单独装表计量，计量点的电量计算方式不为“实抄（装表计量）”，则此计量点的“电价”档案应不为“蓄冰制冷类电价”且不为“热水热泵类电价”。

11）计量点现场实际用电的电力蓄能技术装置容量不足 50kW，则此计量点的“电价”档案应不为“蓄冰制冷类电价”且不为“热水热泵类电价”。

8.27 差别电价及惩罚性电价

【政策要求】

1）《关于进一步完善差别电价政策的通知》（苏价工〔2006〕362 号）规定：“确定实施差别电价的限制类和淘汰类企业的划分标准。划分的标准根据国务院批准的《产业结构调整指导目录》，制订的《部分高能耗产业实行差别电价目录》执行。国家在对电解铝、铁合金、电石、烧碱、水泥、钢铁等 6 个行业继续实行差别电价的同时，将黄磷、锌冶炼 2 个行业也纳入差别电价政策实施范围。”

2）《关于清理对高耗能企业优惠电价等问题的通知》（发改价格〔2010〕978 号）规定：继续对电解铝、铁合金、电石、烧碱、水泥、钢铁、黄磷、锌冶炼 8 个行业实行差别电价政策，并进一步提高差别电价加价标准，自 2010 年 6 月 1 日起，将限制类企业执行的电价加价标准由现行 0.05 元 /kW · h 提高到 0.10 元 /kW · h，淘汰类企业执行的电价加价标准由现行 0.20 元 /kW · h 提高到 0.30 元。

3）《关于清理对高耗能企业优惠电价等问题的通知》（发改价格〔2010〕978 号）规定：对能源消耗超过国家和地方规定的单位产品能耗（电耗）限额标准的，实行惩罚性电价。

4）《省物价局、省经济和信息化委、南京电监办关于对部分超耗能企业（产品）实施惩罚性电价的通知》（苏价工〔2010〕246 号）规定：惩罚性电价标准为超过限额标准一倍以上的，加价标准为 0.30 元 /kW · h；超过限额标准一倍以内的加价标准为 0.10 元 /kW · h。

5）《国家发展改革委、国家电监会关于坚决贯彻执行差别电价政策禁止自行出台优惠电价的通知》（发改价格〔2007〕773 号）规定：要求所属省级电网公司严格按照省级政府有关部门确定的企业名单执行差别电价政策，拒绝执行地方政府违反国家规定自行出台的对高耗能企业的优惠电价措施。

6）认真配合地方政府对高耗能企业进行甄别和分类，并严格按照地方政府确定的企业名单和差别电价标准执行。

【建档要求】用户现场实际属于物价部门发文认证的“差别电价”或“惩罚性电价”用电。则依据物价部门发文中的要求，对此计量点的“电价”档案执行相应原用电类别的“差别类电价”或“惩罚性类电价”，并符合现场实际用电情况。

8.28 转供零电价

【建档要求】

1）档案标签：关口台区。

用户现场实际为关口台区用电。用户分类为“考核”，则此用户下所有计量点的“电价”档案应为“转供零电价”。

2）档案标签：自备电厂。

用户现场实际为自备电厂基金户，上网电量应不收取电费。用户分类不为“考核”，用户状态为“非统计客户”，计量点分类为“发电上网关口”，主用途类型不为“发电关口”，则此计量点的“电价”档案应为“转供零电价”。

3）档案标签：公用电厂上网电量。

用户现场实际为公用电厂用户，上网电量应不收取电费。用户分类不为“考核”，用户状态不为“非统计客户”，计量点分类为“发电上网关口”，行业分类为“电力、热力、燃气及水的生产和供应业”这一级行业下的二三四级行业（不包括“水的生产和供应业”下的三四级行业、“燃气生产和供应业”），则此计量点的“电价”档案应为“转供零电价”。

4）档案标签：非统计客户。

用户现场实际为其他特殊不算电费用户。用户分类不为“考核”，用户状态为“非统计客户”，计量点分类不为“发电上网关口”，则所有计量点的“电价”档案应为“转供零电价”。

8.29 政府性基金电价

【政策要求】

1）《江苏省物价局关于调整电价有关问题的通知》（苏价工〔2006〕223号）规定：征收可再生能源电价附加的征收范围包括自备电厂自用电量。

2）对企业自备电厂自发自用电量和地方独立电网销售电量应缴纳的重大水利基金。

【建档要求】用户现场实际为自备电厂基金户，自发自用电量应征收政府性基金。用户状态为“非统计客户”，计量点的计量点分类为“发电上网关口”、主用途类型为“发电关口”、电量计算方式为“实抄（装表计量）”，则计量点的“电价”档案应为“政府性基金电价”，一般为“再生能源和重大水利合计”。

8.30　综合变以下电价

【建档要求】

1）用户供电单位为市区，系统内供电单位在地市公司一级菜单下，后台中的单位代码为 7 位数，则计量点的“电价”档案应变为“综合变以下电价”。

2）用户供电单位为供电所，系统内供电单位在地市公司二级菜单下，后台中的单位代码为 9 位数，则计量点的“电价”档案应为“综合变以下电价”。因“综合变以下电价”中没有“大工业岸电电价”“蓄冰制冷类电价”“热水热泵类电价”“(电动汽车)非工业电价”，若用户现场实际属于此类用电，则计量点的“电价”档案应选择市区电价目录中相应的电价。

8.31　次级计量点电价

【建档要求】计量点的计量点级数为“次级”，若此计量点的“电价”档案和与此计量点同一“线路台区名称”并存在计费关系的顶级计量点的“电价”档案相同，则建议将此次级计量点拆表或删除。

附 录

附录 A　居民用电申请材料清单

附表 A　　居民用电申请材料清单

序号	证件名称	说明
1	有效身份证明	自然人身份证、军人证、护照、台胞证、港澳通行证等有效身份证明文书。 由经办人办理还需提供经办人有效身份证明及业主本人授权委托函原件
2	物业权属证明	房屋产权所有证、不动产证、经房管部门正式备案的购房合同、国有土地使用证、集体土地使用证、含有明确房屋产权判词且发生法律效力的法律法院文书（含判决书、裁定书、调解书、执行书等）等

附录 B　低压非居民用电申请材料清单

附表 B　　低压非居民用电申请材料清单

序号	证件名称	说明
1	有效身份证明	用电人有效身份证件（自然人身份证、军人证、护照、台胞证、港澳通行证等有效身份证明文书；非自然人提供营业执照、组织机构代码证、统一社会信用代码证等） 由经办人办理还需提供经办人有效身份证明及业主本人授权委托函原件
2	物业权属证明	房屋产权所有证、不动产证、经房管部门正式备案的购房合同、国有土地使用证、集体土地使用证、含有明确房屋产权判词且发生法律效力的法律法院文书（含判决书、裁定书、调解书、执行书等）等

附录C 低压充换电设施用电申请材料清单

附表C 低压充换电设施用电申请材料清单

序号	证件名称	说明
1	有效身份证明	自然人身份证、军人证、护照、台胞证、港澳通行证等有效身份证明文书。 由经办人办理还需提供经办人有效身份证明及业主本人授权委托函原件
2	固定车位使用证明	固定车位产权证明或一年以上（含一年）使用证明
3	车辆购买证明	购车发票、购车合同、购车意向书、行驶证等证明材料之一
4	物业许可证明	物业（无物业的由居委会、业委会出具）出具的允许安装充电桩的相关证明材料

附录D 居民住宅小区用电申请材料清单

附表D 居民住宅小区用电申请材料清单

序号	证件名称	说明
1	有效身份证明	用电人有效身份证件（自然人身份证、军人证、护照、台胞证、港澳通行证等有效身份证明文书；非自然人提供营业执照、组织机构代码证、统一社会信用代码证等） 由经办人办理还需提供经办人有效身份证明及业主本人授权委托函原件
2	物业权属证明	建设用地规划许可证、建设工程规划许可证
3	用电工程项目批准文件	政府相关部门的项目批复、核准、备案文件
4	住宅明细及公建明细	
5	总规划平面图	

附录E 高压用户材料清单

附表 E-1 高压用电申请材料清单

序号	证件名称	说明
1	有效身份证明	用电人有效身份证件（自然人身份证、军人证、护照、台胞证、港澳通行证等有效身份证明文书；非自然人提供营业执照、组织机构代码证、统一社会信用代码证等） 由经办人办理还需提供经办人有效身份证明及业主本人授权委托函原件
2	物业权属证明	房屋产权所有证、不动产证、经房管部门正式备案的购房合同、国有土地使用证、集体土地使用证、含有明确房屋产权判词且发生法律效力的法律法院文书（含判决书、裁定书、调解书、执行书等）等
3	用电设备清单	
4	用电工程项目批准文件	政府相关部门的项目批复、核准、备案文件

附表 E-2 高压重要用户设计审查环节材料清单

序号	资料名称	说明
1	设计单位资质证明材料	
2	受电工程设计及说明书	用电负荷分布图
		负荷组成、性质及保安负荷
		主要电气设备一览表
		影响电能质量的用电设备清单
		节能篇及主要生产设备、生产工艺耗电以及允许中断供电时间
		高压受电设施一、二次接线图与平面布置图
		用电功率因数计算及无功补偿方式
		继电保护、过电压保护及电能计量装置的方式
		隐蔽工程设计资料
		配电网络布置图
		自备应急电源及接线方式

注 设计审查主要针对重要电力用户、居民住宅小区。

附表 E-3　　高压用户竣工报验环节材料清单

序号	资料名称	说明
1	竣工检验申请单	
2	工程竣工报告	施工、试验单位资质证明材料
		工程竣工图及说明
		电气试验及保护整定调试记录
		安全用具的试验报告
		隐蔽工程的施工及试验记录
		运行管理的有关规定和制度
		值班人员名单及资格
		供电企业认为必要的其他资料或记录

附录 F　分布式电源业务申请材料清单

附表 F-1　　自然人分布式电源业务申请材料清单

序号	证件名称	说明
1	有效身份证明	居民身份证、临时身份证、户口簿、军官证或士兵证、台胞证、港澳通行证、外国护照、外国永久居留证（绿卡）、其他有效身份证明文书。 由经办人办理还需提供经办人有效身份证明及业主本人授权委托函原件
2	物业权属证明	房屋产权所有证、不动产证、经房管部门备案的购房合同、国有土地使用证、集体土地使用证、含有明确房屋产权判词且发生法律效力的法律法院文书（含判决书、裁定书、调解书、执行书等）、由乡镇（或街道）及以上人民政府出具的房屋归属证明，提供一件即可

注　1. 楼宇屋顶或外墙等公共部位建设的需提供符合《民法典》规定（应当由楼宇专有部分面积占比三分之二以上的业主且人数占比三分之二以上的业主参与表决，且参与表决专有部分面积四分之三以上的业主且参与表决人数四分之三以上的业主同意）或物业、业主委员会同意建设的证明材料；

2. 对于合同能源管理项目，还需提供项目业主和电能使用方签订的合同能源管理合作协议。

附表 F-2　　非自然人分布式电源业务受理材料清单

序号	证件名称	说明
1	法定代表人（或负责人）有效身份证明	居民身份证、临时身份证、户口簿、军官证或士兵证、台胞证、港澳通行证、外国护照、外国永久居留证（绿卡）、其他有效身份证明文书。 由经办人办理需提供经办人有效身份证明及业主本人授权委托函原件
2	法人或其他组织有效身份证明	包括营业执照；宗教活动场所登记证；社会团体法人登记证书；军队、武警后勤财务部门核发的核准通知书或开户许可证等项目合法性支撑文件，提供一件即可
3	物业权属证明	房屋产权所有证、不动产证、经房管部门备案的购房合同、国有土地使用证、集体土地使用证、含有明确房屋产权判词且发生法律效力的法律法院文书（含判决书、裁定书、调解书、执行书等）、由乡镇（或街道）及以上人民政府出具的房屋归属证明，提供一件即可。 租赁方式的，应提供租赁协议或土地权利人出具的场地使用证明
4	项目批复	政府投资主管部门同意项目开展前期工作的批复或说明（仅适用需核准或备案项目）

注 1. 对于利用楼宇屋顶或外墙等公共部位建设的需提供符合《民法典》规定（同上）或物业、业主委员会同意建设的证明材料；
2. 对于合同能源管理项目，还需提供项目业主和电能使用方签订的合同能源管理合作协议以及建筑物、设施的使用或租用协议；
3. 按政府文件规定要求提供的其他并网申请支持性文件和资料。

附表 F-3　　分布式电源设计审查申请材料清单

序号	资料名称	380（220）V项目	10kV逆变器类项目	35、10kV旋转电机类项目
1	若需核准（或备案），提供核准（或备案）文件	√	√	√
2	若委托第三方管理，提供项目管理方资料（工商营业执照、税务登记证、与用户签署的合作协议复印件）	√	√	√
3	项目可行性研究报告		√	√
4	设计单位资质复印件	√	√	√
5	接入工程初步设计报告、图纸及说明书	√	√	√

续表

序号	资料名称	380（220）V项目	10kV逆变器类项目	35、10kV旋转电机类项目
6	隐蔽工程设计资料	√	√	√
7	高压电气装置一、二次接线图及平面布置图	√	√	√
8	主要电气设备一览表	√	√	√
9	继电保护方式	√	√	√
10	电能计量方式	√	√	√
11	项目建设进度计划	√	√	√

附表 F-4　分布式电源并网验收和并网调试申请材料清单

序号	资料名称	380（220）V项目	10kV逆变器类项目	35、10kV旋转电机类项目
1	施工单位资质复印件承装（修、试）电力设施许可证、建筑企业资质证书、安全生产许可证	√	√	√
2	主要设备技术参数、型式认证报告或质检证书，包括发电、逆变[1]、变电、断路器、刀闸等设备	√	√	√
3	并网前单位工程调试报告（记录）	√	√	√
4	并网前单位工程验收报告（记录）	√	√	√
5	并网前设备电气试验、继电保护整定、通信联调、电能量信息采集调试记录	√	√	√
6	并网启动调试方案			√
7	项目运行人员名单及专业资质证书复印件	√（非自然人性质的项目）	√	√

告知事项：
光伏电池、逆变器等设备，须取得国家授权的有资质的检测机构检测报告。

附录 G　低压居民业扩档案归档资料

附表 G　　　　　　低压居民业扩档案归档资料

序号	资料名称	类型	备注
1	居民用电申请表	电子 / 纸质	是
2	用电人有效身份证明和物业权属证明	电子 / 纸质	是
3	供用电合同	电子 / 纸质	视是否具备线上电子合同功能，如具备则无须打印电子合同。 若不具备则需要签订纸质供用电合同
4	装拆工单	纸质	/
5	经办人有效身份证明	电子 / 纸质	委托代理人办理用电业务时必备

附录 H　低压非居民业扩档案归档资料

附表 H　　　　　　低压非居民业扩档案归档资料

序号	资料名称	类型	备注
1	非居民用电申请表	电子 / 纸质	是
2	用电人有效身份证明和物业权属证明	电子 / 纸质	是
3	供用电合同	纸质	是
4	装拆工单	纸质	/
5	经办人有效身份证明	电子 / 纸质	委托代理人办理用电业务时必备
6	其他［一般纳税人资格证书、银行开户许可证或银行开户信息证明（包括开户行名称、银行账号等信息）］	纸质	需要开具增值税发票客户可提供

附录Ⅰ 高压业扩档案归档资料

附表Ⅰ 高压业扩档案归档资料

序号	资料名称	类型	备注
1	非居民用电申请表	电子 / 纸质	
2	用电地址物业权属证明	电子 / 纸质	/
3	项目批复文件	电子 / 纸质	
4	经办人居民身份证明和法人委托书原件（或法人代表身份证明）	电子 / 纸质	委托代理人办理用电业务时必备
5	用电设备清单	纸质	
6	供电方案答复单	电子 / 纸质	
7	设计审查意见	电子 / 纸质	
8	中间检查意见	电子 / 纸质	
9	竣工报验登记表	电子 / 纸质	
10	竣工验收意见单	电子 / 纸质	
11	设计单位资质、承装（修、试）资质证明	电子 / 纸质	
12	供用电合同	纸质	
13	装拆工单	纸质	
14	用电工程设计及说明书	纸质	
15	隐蔽工程施工及试验记录（有隐蔽工程提供）	纸质	
16	交接试验报告	纸质	
17	主要设备的型式试验报告	纸质	
18	电气试验及保护整定调试记录	纸质	
19	工程竣工图及说明	纸质	

附录 J　低压充换电设施档案归档资料

附表 J　　　　　　低压充换电设施档案归档资料

序号	资料名称	类型	备注
1	非居民用电申请表	电子 / 纸质	
2	用电人有效身份证明	电子 / 纸质	
3	车位产权证明，非车位产权人本人申请时，还需提供车位产权人许可证明材料	纸质	
4	电动汽车拥有证明（以下任何一种均可）：购车发票、车辆完税证明、车辆转让证明、购车协议、机动车行驶证、车辆登记证书	纸质	
5	经物业（或业委会、居委会）确认同意申请人安装充电设施的相关材料	纸质	
6	供用电合同	纸质	视是否具备线上电子合同功能，如具备则无须打印电子合同。 若不具备则需要签订纸质供用电合同
7	装拆工单	纸质	
8	经办人有效身份证明	电子 / 纸质	委托代理人办理用电业务时必备

附录 K　更名过户档案归档资料

附表 K　　　　　　更名过户档案归档资料

序号	资料名称	类型	备注
1	更名过户申请表	电子 / 纸质	
2	用电地址物业权属证明	电子 / 纸质	
3	产权人身份证明	电子 / 纸质	
4	用电户名称变更证明材料（如工商变更登记或户籍证明）	电子 / 纸质	更名业务需要，过户不需要

续表

序号	资料名称	类型	备注
5	供用电合同	纸质	视是否具备线上电子合同功能，如具备则无须打印电子合同。 若不具备则需要签订纸质供用电合同
6	授权委托书和经办人有效身份证明	电子 / 纸质	委托代理人办理用电业务时必备

附录 L　移表档案归档资料

附表 L　　移表档案归档资料

序号	资料名称	类型	备注
1	其他业务申请表	电子 / 纸质	
2	用电地址物业权属证明	电子 / 纸质	
3	产权人身份证明	电子 / 纸质	
4	供电方案答复单	纸质	
5	竣工验收登记表	纸质	
6	竣工验收意见单	纸质	
7	授权委托书和经办人有效身份证明	电子 / 纸质	委托代理人办理用电业务时必备

附录 M　减容（恢复）档案归档资料

附表 M　　减容（恢复）档案归档资料

序号	资料名称	类型	备注
1	减容用电申请表	电子 / 纸质	
2	参照高压业扩		如有工程，工程档案资料参照业扩

附录N　暂拆（复装）档案归档资料

附表N　　暂拆（复装）档案归档资料

序号	资料名称	类型	备注
1	其他业务申请表	电子 / 纸质	直接打印系统格式
2	用电地址物业权属证明	电子 / 纸质	
3	产权人身份证明（非居民为主体资格证明）	电子 / 纸质	
4	供电方案答复单	纸质	系统暂不具备打印功能
5	装拆工单	纸质	若印
6	授权委托书和经办人有效身份证明	电子 / 纸质	委托代理人办理用电业务时必备

附录O　销户档案归档资料

附表O　　销户档案归档资料

序号	资料名称	类型	备注
1	销户申请表	电子 / 纸质	
2	用电地址物业权属证明	电子 / 纸质	
3	产权人身份证明（非居民为主体资格证明）	电子 / 纸质	
4	拆迁许可证或政府拆迁证明	纸质	适用批量拆迁地块
5	拆迁清单（含户号、表号、户名、地址）	纸质	适用批量拆迁地块
6	装拆工单	纸质	
7	授权委托书和经办人有效身份证明	电子 / 纸质	委托代理人办理用电业务时必备

附录 P　改类档案归档资料

附表 P　　改类档案归档资料

（基本电价计费方式变更、调需量值、变更分时）

序号	资料名称	类型	备注
1	其他业务申请表	电子 / 纸质	
2	用电户主体资格证明	电子 / 纸质	

附录 Q　非自然人分布式光伏项目档案归档资料

附表 Q-1　非自然人 10kV 及以上分布式光伏项目档案归档资料

序号	资料名称	类型	备注
1	分布式电源接入申请表	电子 / 纸质	
2	用电地址物业权属证明	电子 / 纸质	/
3	发改委项目备案证	电子 / 纸质	
4	法人身份证复印件（加盖公章）	电子 / 纸质	
5	经办人居民身份证明和法人委托书原件（或法人代表身份证明）	电子 / 纸质	委托代理人办理用电业务时必备
6	组件及逆变器太阳能产品认证证书	电子 / 纸质	
7	项目业主和电能使用方签订的合同能源管理合作协议以及建筑物、设施的使用或租用协议复印件	电子 / 纸质	针对“合同能源管理项目”必备
8	物业、业主委员会同意的证明（多层用户屋顶有产权证的除外，须加盖业主委员会公章，或所用屋顶下全体业主签字同意）	电子 / 纸质	针对“公共屋顶用户”必备
9	项目可行性研究报告	电子 / 纸质	
10	接入系统方案答复单	纸质	
11	设计审查申请表	纸质	
12	设计审查意见	纸质	
13	分布式电源并网验收和并网调试申请表	纸质	
14	竣工验收意见单	纸质	

续表

序号	资料名称	类型	备注
15	设计单位资质、施工单位资质证明	纸质	
16	光伏发用电合同签订（含附录营业执照）	纸质	
17	装拆工单	纸质	
18	接入系统工程初步设计报告、图纸及说明书	纸质	
19	隐蔽工程设计资料	纸质	
20	高压电气装置一次、二次接线图及平面布置图	纸质	
21	主要电气设备参数一览表、认证证书	纸质	
22	继电保护方式	纸质	
23	电能计量方式	纸质	
24	项目建设进度计划	纸质	
25	隐蔽工程施工及试验记录（有隐蔽工程提供）	纸质	
26	工程竣工图及说明	纸质	
27	并网前设备电气试验、继电保护整定、通信联调、电能量信息采集调试记录	纸质	
28	并网前施工单位工程验收、调试报告	纸质	
29	并网启动调试方案	纸质	
30	项目运行人员名单及专业资质证书复印件	纸质	

附表 Q-2　非自然人 380V 分布式光伏项目档案归档资料

序号	资料名称	类型	备注
1	分布式电源接入申请表	电子 / 纸质	
2	用电地址物业权属证明	电子 / 纸质	
3	发改委项目备案证	电子 / 纸质	
4	法人身份证复印件	电子 / 纸质	
5	经办人居民身份证明和法人委托书原件（或法人代表身份证明）	电子 / 纸质	委托代理人办理用电业务时必备
6	组件及逆变器太阳能产品认证证书	电子 / 纸质	

续表

序号	资料名称	类型	备注
7	项目业主和电能使用方签订的合同能源管理合作协议以及建筑物、设施的使用或租用协议复印件	电子 / 纸质	针对“合同能源管理项目”必备
8	物业、业主委员会同意的证明（多层用户屋顶有产权证的除外，须加盖业主委员会公章，或所用屋顶下全体业主签字同意）	电子 / 纸质	针对“公共屋顶用户”必备
9	项目管理方资料	纸质	若委托第三方管理
10	接入系统设计必需的相关资料	纸质	
11	接入系统方案、项目评审意见及分布式电源接入系统方案项目业主（用户）确认单	纸质	
12	设计审查申请表	纸质	
13	设计审查意见	纸质	
14	分布式电源并网验收和并网调试申请表	纸质	
15	竣工验收意见单	纸质	
16	设计单位资质、施工单位资质证明	纸质	
17	光伏发用电合同签订（含附录营业执照）	纸质	
18	装拆工单	纸质	
19	高压电气装置一次、二次接线图及平面布置图	纸质	
20	接入系统工程初步设计报告、图纸及说明书	纸质	
21	隐蔽工程设计资料	纸质	
22	主要电气设备参数一览表、认证证书	纸质	
23	继电保护方式	纸质	
24	电能计量方式	纸质	
25	项目建设进度计划	纸质	
26	隐蔽工程施工及试验记录（有隐蔽工程提供）	纸质	
27	工程竣工图及说明	纸质	
28	并网前设备电气试验、继电保护整定、通信联调、电能量信息采集调试记录	纸质	
29	并网前施工单位工程验收、调试报告	纸质	
30	项目运行人员名单及专业资质证书复印件	纸质	非自然人性质项目

附表 Q-3　　自然人分布式光伏项目档案归档资料

序号	资料名称	类型	备注
1	分布式电源接入申请表	电子 / 纸质	
2	有效身份证明	电子 / 纸质	
3	用电地址物业权属证明	电子 / 纸质	/
4	经办人居民身份证明及授权委托书	电子 / 纸质	委托代理人办理用电业务时必备
5	项目业主和电能使用方签订的合同能源管理合作协议以及建筑物、设施的使用或租用协议复印件	电子 / 纸质	针对“合同能源管理项目”必备
6	物业、业主委员会同意的证明（多层用户屋顶有产权证的除外，须加盖业主委员会公章，或所用屋顶下全体业主签字同意）	电子 / 纸质	针对“公共屋顶用户”必备
7	接入系统方案、项目评审意见及分布式电源接入系统方案项目业主（用户）确认单	纸质	
8	分布式电源并网验收和并网调试申请表	纸质	
9	竣工验收意见单	纸质	
10	施工单位资质证明	纸质	
11	光伏发用电合同签订	纸质	
12	装拆工单	纸质	
13	主要电气设备参数一览表、认证证书	纸质	
14	工程竣工图及说明	纸质	可选
15	并网前设备电气试验、继电保护整定、通信联调、电能量信息采集调试记录	纸质	
16	并网前施工单位工程验收、调试报告	纸质	